千古奇案系列

U0577243

梦回大秦
看奇案

姜正成◎著

 吉林出版集团股份有限公司

图书在版编目（CIP）数据

梦回大秦看奇案 / 姜正成著 . —长春：吉林出版
集团股份有限公司，2018.7（2022.6 重印）
ISBN 978 - 7 - 5581 - 5540 - 6

Ⅰ. ①梦…　Ⅱ. ①姜…　Ⅲ. ①中国历史—秦代—通俗
读物　Ⅳ. ①K233.09

中国版本图书馆 CIP 数据核字（2018）第 149784 号

梦回大秦看奇案

著　　者	姜正成	
责任编辑	王　平	
出版统筹	齐　琳	
开　　本	710mm×1000mm　1/16	
字　　数	200 千	
印　　张	14.25	
版　　次	2018 年 7 月第 1 版	
印　　次	2022 年 6 月第 2 次印刷	

出版发行　吉林出版集团股份有限公司
电　　话　总编办：010 - 63109269
　　　　　　发行部：010 - 63109269
印　　刷　北京洲际印刷有限责任公司

ISBN 978 - 7 - 5581 - 5540 - 6　　　　　　定价：58.00 元

前　言

公元前 221 年，中国的历史，进入了秦帝国的时代。秦朝是我国历史上极为重要的朝代，它结束了分裂割据的局面，建成了我国历史上第一个统一的、多民族的、中央集权的封建制国家，使中国第一次有了"皇帝"的称号。

秦帝国的创建者秦始皇幻想他所创建的这个国家能够传之万世，故自称"始皇帝"。然而，仅仅 12 年，历经二世，貌似强大的秦帝国便纸炮一声，轰然而灭。虽然如此，秦帝国开创的各项中央集权封建制度，却在中国延续了长达两千余年的历史。

历史的创造者不是某一个人，某一个英雄人物，历史的创造者无疑是千千万万的人民群众，是他们创造了整个社会的物质文明和精神文明。但问题的另一方面，我们必须充分地看到帝王、王后们对历史的推动或阻碍作用，甚至在一定的时期，他们决定着历史发展的走向和进程。中国的历史，专制的帝王之权高于一切，决定一切，涵盖一切，支配一切，无论是政治、经济还是文化艺术和思想宗教，都必须和这种专制之权的发展紧密一致，否则就会失去存在的条件。人们探索中国历史的发展规

律和治乱分合，可以很轻易地发现在历史的发展过程中，处处渗透着帝王活动的影子，与帝王和他们的王后们的个人智慧、文化素养、意志品德等有着直接的关系。一定意义上说，一部中国历史简史和一部帝王活动史，是互相融合交错的。高踞社会之巅的帝王的活动，影响着历史的进程。

本书讲述了秦朝时期皇室的权力斗争，其中发生的迷离疑案让人兴味索然。本书以史实为依据，侧重科学性和真实性，多角度、全方位地逐层透析这些案件背后的各个疑点，客观、科学地分析其成因、特点及其进展情况。让我们在感受玄妙历史的同时，从历史中借鉴经验，从故事中收获记忆，从谜案中找寻真谛。

秦王朝因何从一个地处西戎的边僻小国而突然崛起，成为战国七雄中的强国，并灭六国而成为中国历史上第一个统一全国的帝国？又为何二世而亡？本书依据秦朝历史发展的基本脉络，紧紧抓住秦朝宫廷内与皇权斗争有关的数十个疑案，依据众多的史料，抽丝剥茧，理去浮现在这些疑案外表上的种种谎言，进行客观地分析和评述，揭示这些疑案的真相，还历史的本来面目，有助于人们对秦朝历史的认识了解，以及在阅读、欣赏有关秦朝文学作品时对历史原貌有一个正确的认识。

帝王、王后们生活在高墙大院中，普通人们很难接近。他们的活动范围很小，他们为国家建立的丰功伟绩，他们为了王权而发生的权力争斗，他们生活上的衣食住行和生老病死，我们只能通过几本正史去了解。我们对帝王们充满着新奇，想要去了解他们，我们不能囿于古代几个编史书的人的观念去理解帝王们的所有举动。尽管时代的久远影响了我们对他们的了解，产生了一团又一团的历史迷雾，但拨开历史烟云，我们发现帝王和王后们也是一些有血有肉有灵魂懂感情的生灵，在神圣的光环下被遮盖住的音容笑貌原来也是多姿多彩的。

上篇 千古一帝秦始皇的猜想

秦始皇统一文字、货币和度量衡等，北击匈奴，南服百越，修筑万里长城，奠定了今日中国版图的基本格局，把中国推向了大一统时代。他奠定中国两千余年政治制度的基本格局，被明代思想家李贽誉为"千古一帝"，同时，在他身上也有着不为人知的千古奇案。

下篇 千秋万世的政治奇案

家喻户晓的秦始皇，因完成统一大业而名垂千古，正式登基之后，便开始了他一生轰轰烈烈的政治生涯。然而，在这之中，朝廷宦官赵高等制造了政治阴谋。这个短命的王朝给后人留下了太多的谜团。

焚书坑儒事件：蓄谋已久的政治阴谋

附 录

上篇

千古一帝秦始皇的猜想

秦始皇统一文字、货币和度量衡等，北击匈奴，南服百越，修筑万里长城，奠定了今日中国版图的基本格局，把中国推向了大一统时代。他奠定中国两千余年政治制度的基本格局，被明代思想家李贽誉为"千古一帝"，同时，在他身上也有着不为人知的千古奇案。

秦始皇出生之谜：嬴政身世揭秘

在中国历史上，显贵者的身世大都记载得非常清晰，尤其是帝王的身世从来都是史学家不曾忽略的重点，然而对于秦始皇，却是一个例外。《史记》对秦始皇的生父记载前后不一，颇有矛盾之处。由此，千古一帝秦始皇的生父到底是谁，成为聚讼不已的焦点。

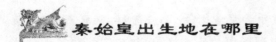 秦始皇出生地在哪里

秦始皇被称作中国历史上的"千古一帝"，他的丰功伟绩不仅对中国两千多年的历史产生了深远的影响，而且在国外也有很高的知名度。在

过去的历史研究中，"秦始皇的研究"一直是中国先秦史研究中的重要课题，历年来，研究成果可谓硕果累累。但对秦始皇出生地的考证研究却缺乏力度，大都只是根据《史记》等历史文献的记载笼统地称其出生在邯郸，而对其出生的具体地点却没有提及。近年来，随着邯郸历史文化名城的建设和旅游事业的快速发展，邯郸的学术界包括考古、历史、民俗、建筑规划等方面的专家学者，对秦始皇出生地的具体地址进行了广泛深入的考察、论证，但终因缺乏可靠的考古资料和更信实的文献史料的佐证，而难于定论。目前基本形成以下几个具有代表性的观点：

据《国策·秦策五》记载："秦公子异人质于赵，处于扁城。"高诱注解："扁城，赵邑。"《汉语大字典》称其为"战国时赵地名"。这是目前唯一一条有关秦始皇具体出生地的可靠文字记载。有专家推论认为：异人当时在赵国为质，必有所居之室，即秦质子府。而且这也是异人和他的妻子常居之地。后来，则是因秦赵关系恶化后才释"廓"字为"出入口"。卯是地支方位中的东方。这样廓城可以理解为当年台子上的一个方形建筑物，为了方便对异人的监视，只在建筑物的东面设有一个出口。多年来，《东周列国志》在海内外的影响比较广，所以大多数人都认为秦始皇出生在"丛台"上，可能于此书记述有关。

考古、建筑规划等方面的专家意见大体一致，认为战国时的地面现已埋没在今地下6~9米深处，秦始皇真正的出生地，因没有确凿考古证

据，同时囿于没有历史的详实记载，所以目前只能大致确定在城内穿城街北段一带这样一个相对宽泛的范围内，确切地址恐怕是很长时期也难以确定的一个问题了。

上述几点观点，是邯郸"历史文化名城委员会办公室"召开的秦始皇出生地论证暨开发研讨会上，各方面专家对这一问题进行考证和推论的一些成果，最终结论倾向于把其出生地划定在市区穿城街北段和丛台公园西南一带这样一个相对较大的范围内，而具体地址的认定看来还是一个有待进一步解开的历史之谜。

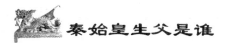 **秦始皇生父是谁**

秦始皇的生父究竟是谁，这不但成为秦国历史上的一个谜团，也成为历史学上一桩千古聚讼的公案，更成为两千年来人们茶余饭后的谈资。

秦始皇姓嬴名政，出生于战国时代的赵国首都邯郸（今河北邯郸市）。他的父亲子异（后改名为子楚），是在邯郸做人质的秦国公子。他的母亲是出生于邯郸豪门大户的舞姬，史书上没有留下她的名字，只称她为赵姬。子异和赵姬之间，还有一位第三者，此人就是吕不韦，是在邯郸经商的大富豪。正是由于吕不韦的介入，嬴政出生以后，他的生父究竟是子异还是吕不韦，也就成为一桩说不明白的事情。生父不明，对于一般的百姓而言，是一桩难言的家事，而对于皇室而言，可就是一桩关系王朝命运的国事了。这关系到六百余年世代承继的秦国政权，究竟还姓不姓嬴，秦国是否在秦始皇嬴政即位时，就已易姓了？

考究事情的来龙去脉，这桩公案起源于《史记》。司马迁在《史记·秦始皇本纪》中叙述秦始皇的身世说：秦始皇是秦庄襄王子异的儿子。秦庄襄王作为人质在赵国时，在吕不韦家遇到赵姬，一见钟情，娶以为妻，生下了秦始皇。出生的时间是秦昭王四十八年（公元前259年）正月，出生地是邯郸。

然而，司马迁在《史记·吕不韦列传》里叙述秦始皇的出生时说：吕不韦与绝色善舞的邯郸美人赵姬同居，赵姬有了身孕。子异到吕不韦家作客宴饮时，对赵姬一见钟情，于是起身敬酒，请求吕不韦将赵姬送予自己。吕不韦开始非常生气，后来考虑到自己已经为子异的政治前途投入了大部分财产，为了获取投资的成功，他不得不顺水推舟，将赵姬送予子异。赵姬隐瞒了自己已有身孕的事，嫁与子异如期生下了嬴政。子异于是立赵姬为自己的夫人。

同一《史记》的不同篇章当中，对于同一事情有不同的说法，这就是谁是秦始皇父亲的问题的由来，很像司马迁为我们布下的迷魂阵。那么，这两种不同的记事，究竟哪一个对，哪一个错？哪一个是历史的真相，哪一个是人为的虚构呢？

从嬴政出生开始，一直到嬴政继承王位为止，子异从来没有对嬴政是自己的儿子有过任何怀疑。他始终承认嬴政是自己的长子。

我们暂时先将秦始皇的生父究竟是子异还是吕不韦的问题放下，先

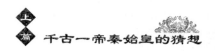

来搜寻旁证，着眼于事件的当事人。

我们首先来考察子异。子异是秦国第 32 代王孝文王的儿子，名子异。子异出生于他的祖父秦昭王在位的第 27 年，相当于公元前 280 年。大概是在子异 18 岁时，也就是秦昭王四十三年（公元前 264 年）左右，秦国和赵国定约和好，互相交换王室子弟作为人质，子异以王孙的身份来到赵国首都邯郸做人质，被称为质子。秦赵两国为了争夺一统天下的主导权，表面定约言和，背地里却在扩军备战，准备决一死战，因而，子异在邯郸的处境非常危险。子异与吕不韦结识，大概是在到邯郸后的二三年间，他从吕不韦那里得到赵姬并同居，是在秦昭王四十七年（公元前 260 年）三月以前。秦昭王四十八年正月，嬴政出生。当时，子异 23 岁。

就在赵姬怀嬴政的当年，也就是秦昭王四十七年（公元前 260 年），秦赵长平之战爆发，赵国大败，邯郸恐慌震惊。次年，秦军乘胜攻入赵国境内。秦昭王四十九年，秦军开始长期围困邯郸。嬴政在战乱中出生以后，子异一家陷入赵人仇恨的汪洋大海中，随时会有危险。秦昭王五十年，吕不韦和子异冒险逃出邯郸，回到秦国，赵姬和 3 岁的嬴政留在邯郸，被赵姬家人保护起来。回到秦国的子异，正式做了王太子安国君的继承人，娶妻生子。当时，嬴政 4 岁，与母亲一道隐藏在邯郸，音信不明。

昭王五十六年（公元前251年），秦昭王去世，嬴政的祖父安国君即位做了秦始皇，是为孝文王。以此为契机，秦国与赵国和解，赵国将赵姬和嬴政送还秦国。子异与赵姬、嬴政母子离别六年后重逢。已经正式做了王太子的子异，以赵姬为太子正妻，以嬴政为太子继承人，对发妻和长子，作了不忘本的交代。当时，嬴政9岁。

孝文王即位时已经50多岁，但即位3天就去世了。子异接替王位做了秦始皇，是为庄襄王。庄襄王即位以后，赵姬成为王后，10岁的嬴政成为王太子，吕不韦被任命为丞相。三年以后，庄襄王死去，13岁的嬴政继承王位，赵姬成为王太后，吕不韦继续留任丞相。由于嬴政尚未成年，国事全由母后和吕不韦摄理。

通过以上的梳理，我们可以清楚地看到，从嬴政的出生开始，一直到嬴政继承王位为止，子异从来没有对嬴政是自己的儿子这件事有过任何怀疑，即使是在历经了长期的生离死别，另外娶妻生子以后，对赵姬和嬴政仍然厚爱有加，始终承认他们是自己的正妻和长子。在复杂的秦国王室和政府内部，在王室联姻的敌友各国之间，也听不到任何流言蜚语。至此时为止，秦国的国事、秦始皇的家事，一切井井有条、顺理成章。也就是说，如果我们从秦国嬴政和父亲子异的角度来加以考察的话，直到嬴政即位成为第34代秦始皇为止，谁是秦始皇的父亲的问题，在历史上根本就不存在。

　　吕不韦被秦始皇尊为仲父，如果我们考察历史上吕不韦的一生，不难看出他与嬴政的关系。吕不韦是濮阳人，濮阳是当时卫国的首都，故址在现在的河南省濮阳市南。吕不韦出身商贾世家，从事国际贸易大获成功，被称为阳翟大贾。吕不韦到邯郸做生意遇见子异，马上以商人精明的眼光，敏锐地察觉出子异特殊的商品价值，以为奇货可居。经过深思熟虑和周密计划，吕不韦大胆地做了事业和人生转型的决断。他果断地将生意清盘兑现，全部投资于子异的政治前途，他公关游说安国君的正妻华阳夫人，目的在于使子异成为王太子安国君的继承人，将来继承王位。

　　吕不韦投资子异以后，华阳夫人成为他的公关对象。华阳夫人出生于秦国最有权势的芈氏外戚家族，她的祖父是秦昭王的舅舅，被封为华阳君的权臣芈戎，华阳夫人的称号就是直接从华阳君继承下来的。华阳君芈戎的姐姐是秦昭王的母亲，安国君的祖母，也就是多年秉持秦国国政的宣太后。华阳夫人嫁于安国君，是亲上加亲的政治婚姻，安国君之所以能够立为王太子，很大程度是仰仗了宣太后和芈氏家族的力量。之后的事态发展，一步步都在吕不韦的预计和操控当中。吕不韦以子异的使者的身份，携珠宝重金来到咸阳，首先买通华阳夫人的兄弟姐妹，通过他们的协作疏通，游说华阳夫人成功。华阳夫人认领子异为自己的养子，再在枕边吹风，使安国君正式立子异为王太子

继承人。

吕不韦将自己的所有财产和整个人生都投资到子异的政治前途上，他把赌注都压在子异所独有的秦始皇王室的血统之上。纯正的秦始皇血统，正是奇货可居的本质，也是决定吕不韦行动的根本利害所在。对于吕不韦来说，维护秦始皇血统的纯正和可信，是他不敢有稍许怠慢的生死问题。

历史人物的活动，自有其当时当地的动机。对于谁是秦始皇的父亲这一问题，如果我们视吕不韦为嫌疑人的话，可以说，他不但没有作案的动机，他只有避嫌唯恐不及的谨慎。所谓献有孕之姬以钓奇的风闻，只能是坊间的留言，后世添加的花絮，不但与一位大商人、大政治家的行为完全不符，而且毫无实现的可能。

通过以上分析，我们大体可以得到以下的结论：从嬴政的出生一直到他即位，从来没有人怀疑过他是否是子异的儿子。也就是说，谁是秦始皇的父亲之谜，从秦始皇的出生一直到他即位，是不存在的。后世添加的流言不是历史的原貌。

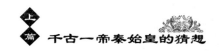

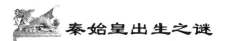
秦始皇出生之谜

　　吕不韦是阳翟的大商人，他往来各地，所以积累起千金的家产。秦昭王四十年，太子去世了。到了昭王四十二年，他的第二个儿子安国君被立为太子。安国君有个非常宠爱的妃子，立为正夫人，称为华阳夫人。华阳夫人没有儿子。安国君有个排行居中的儿子名叫子楚，子楚的母亲叫夏姬，不受宠爱。子楚作为秦国的人质被派到赵国。秦国多次攻打赵国，赵国对子楚也不以礼相待。

　　子楚是秦始皇庶出的孙子，在赵国当人质，他乘的车马和日常的财用都不富足，生活困窘，很不得意。吕不韦到邯郸去做生意，见到子楚后非常喜欢，说："子楚就像一件奇货，可以屯积居奇，以待高价售出。"于是他就前去拜访子楚，对他游说道："我能光大你的门庭。"子楚笑着说："你姑且先光大自己的门庭，然后再来光大我的门庭吧！"吕不韦说："你不懂啊，我的门庭要等待你的门庭光大了才能光大。"

子楚心知吕不韦所言之意，就拉他坐在一起深谈。吕不韦说："秦始皇已经老了，安国君被立为太子。我私下听说安国君非常宠爱华阳夫人，华阳夫人没有儿子，能够选立太子的只有华阳夫人一人。现在你的兄弟有二十多人，你又排行中间，不受秦始皇宠幸，长期被留在诸侯国当人质，即使是秦始皇死去，安国君继位为王，你也不要指望同你长兄和早晚都在秦始皇身边的其他兄弟们争太子之位啦！"子楚说："是这样，但该怎么办呢？"吕不韦说："你很困窘，又客居在此，也拿不出什么来献给亲长，结交宾客。我吕不韦虽然不富有，但愿意拿出千金来为你西去秦国游说，侍奉安国君和华阳夫人，让他们立你为太子。"子楚于是叩头拜谢道："如果实现了您的计划，我愿意分秦国的土地和您共享。"

吕不韦于是拿出五百斤金子送给子楚，作为日常生活和交结宾客之用；又拿出五百斤金子买珍奇玩物，自己带着西去秦国游说。先拜见华阳夫人的姐姐，把带来的东西统统献给华阳夫人。顺便谈及子楚聪明贤能，所结交的诸侯宾客，遍及天下，常常说"我子楚把夫人看成天一般，日夜哭泣思念太子和夫人"。夫人非常高兴。吕不韦乘机又让华阳夫人姐姐劝说华阳夫人道："我听说用美色来侍奉别人的，一旦色衰，宠爱也就随之减少。现在夫人您侍奉太子，甚被宠爱，却没有儿子，不趁这时早一点在太子的儿子中结交一个有才能而孝顺的人，立他为继承人并像亲生儿子一样对待他，那么，丈夫在世时受到尊重，丈夫死后，自己立的儿子继位为王，最终也不会失势，这就是人们所说的一句话能得到万世的好处啊。不在容貌美丽之时树立根本，假使等到人老色衰，宠爱失去后，虽然想和太子说上一句话，还有可能吗？现在子楚贤能，而自己也知道排行居中，按次序是不能被立为继承人的，而他的生母又不受宠爱，自己就会主动依附于夫人，夫人若真能在此时提拔他为继承人，那么夫人您一生在秦国都要受到尊宠啦。"华阳夫人听了认为是这样，就趁太子方便的时候，委婉地谈到在赵国做人质的子楚非常有才能，来往的人都称赞他。接着就哭着说："我有幸能填充后宫，但非常遗憾的是没有儿子，我希望能立子楚为继承人，以便我日后有个依靠。"安国君答应了，就和夫人刻下玉符，决定立子楚为继承人，安国君和华阳夫人都送了好多礼物给子楚，并请吕不韦当他的老师，因此子楚的名声在诸侯中越来越大。

秦昭王五十年（公元前257），子楚和吕不韦密谋，拿出六百金送给守城官吏，得以脱身，逃到秦军大营，这才得以顺利回国。赵国又想杀子楚的妻子和儿子，子楚的夫人因为是赵国富豪人家的女儿，才得以隐藏起来，因此母子二人保住了性命。秦昭王五十六年，秦昭王去世了，太子安国君继位为王，华阳夫人为王后，子楚为太子。赵国护送子楚的夫人和儿子嬴政回到秦国。

安国君继位三天后去世，谥号为孝文王。太子子楚继位，他就是庄襄王。庄襄王尊奉为母的华阳王后为华阳太后，生母夏姬被尊称为夏太后。庄襄王元年，任命吕不韦为丞相，封为文信侯，河南洛阳十万户作为他的食邑。

庄襄王即位三年之后死去，太子嬴政继立为王，尊奉吕不韦为相国，称他为"仲父"。

在那时，魏国有信陵君，楚国有春申君，赵国有平原君，齐国有孟尝君，他们都礼贤下士，结交宾客，并在这方面要争个高低上下。吕不韦认为秦国如此强大，把不如他们当成一件令人羞愧的事，所以他也招来了文人学士，给他们优厚的待遇，门下食客多达三千人。那时各诸侯国有许多才辩之士，像荀卿那班人，著书立说，流行天下。吕不韦就命他的食客各自将所见所闻记下，综合在一起成为八览、六论、十二纪，共二十多万言。他认为其中包括了天地万物古往今来的事理，所以号称《吕氏春秋》，并将之刊布在咸阳的城门，上面悬挂着一千金的赏金，遍请诸侯各国的游士宾客，若有人能增删一字，就给予一千金的奖励。

秦始皇长大了，但太后一直淫乱不止。吕不韦唯恐事情败露，灾祸降临在自己头上，就暗地寻求了嫪毐作为门客，并以此事引诱她。太后听说之后，便真的对嫪毐动了念头。吕不韦顺水推舟将嫪毐进献给太后，并假装让人告发他犯下了该受宫刑的罪。吕不韦又暗中对太后说："你可以让嫪毐假装受了宫刑，就可以在供职宫中的人员中得到他。"太后于是偷偷地送给主持宫刑的官吏许多东西，假装处罚嫪毐，拔掉了他的胡须冒充宦官，这就得以侍奉太后。太后暗中和他通奸，特别喜爱他。后来太后怀孕在身，恐怕别人知道，假称算卦不吉，需要换一个环境来躲避一下，就迁移到雍地的宫殿中居住。

秦始皇七年，庄襄王的生母夏太后去世。孝文王后叫华阳太后，和孝文王合葬在寿陵。夏太后的儿子庄襄王葬在芷阳，所以夏太后另外单独埋葬在杜原之东，称"向东可以看到我的儿子，向西可以看到我的丈夫。在百年之后，旁边定会有个万户的城邑"。

秦始皇九年，有人告发嫪毐实际并不是宦官，常常和太后淫乱私通，并生下两个儿子，还和太后谋议说"若是秦始皇死去，就立自己儿子继位"。于是秦始皇命法官严查此事，事情牵连到了相国吕不韦。这年九月，秦始皇将嫪毐家三族人众全部杀死，包括太后所生的两个儿子，并把太后迁到雍地居。秦始皇十年十月，吕不韦被免去相国职务。经齐人茅焦劝说，秦始皇才到雍地迎接太后回咸阳，但把吕不韦遣出京城，前往河南的封地。

一年以后，各诸侯国的宾客使者络绎不绝，前来问候吕不韦。秦始皇恐怕他发动叛乱，就写信给吕不韦说："你对秦国有何功劳？秦国封你

在河南，食邑十万户。你对秦始皇有什么血缘关系？而号称仲父。你与

家属都一概迁到蜀地去居住！"吕不韦想到自己已经逐渐被逼迫，害怕日

后被杀，就喝下酖酒自杀。

秦始皇十九年，太后去世，谥号为帝太后，与庄襄王合葬在芷阳。

入海求仙之谜：秦始皇执迷求方丹

秦始皇求仙入海处位于秦皇岛市海港区东南部，传说公元前215年秦始皇东巡曾在此拜海求仙。据《史记·秦始皇本纪》记载，秦始皇于公元前215年东巡碣石——秦皇岛，并在此拜海，先后派卢生、侯公、韩终等两批方士携童男童女入海求仙，寻求长生不老药。

 **秦始皇为什么求仙**

在秦始皇统治时期，他以气吞山河之势完成了统一六国的大业，建立了大一统的专制中央集权的封建王朝，确立了至高无上的皇权。由于

秦始皇的权力是登峰造极、无所限制的，群臣们对他的任何想法只能是迎合，很难提出异议。因此，他渴望成仙的愿望也在不断受到周围的支持和赞同。没有当头棒喝，自然很难迷途知返。战争的胜利、统一的成功、无限的权威，使在臣僚们一片歌功颂德之声中的秦始皇更加忘乎所以。既然自己所取得的功业是"自上古以来未尝有，五帝所不及的"，那么自己的寿命也应该是前所未有的，别人没有达到的求仙愿望，自己应该达到。在专制主义的文化背景下，秦始皇自我陶醉、唯我独尊、唯我独是，什么历史经验、自然规律、生命周期，他都完全抛置脑后，很容易做起了权威无限、生命无限的美梦。那么是什么原因让他迷上了"求仙"呢？

第一，秦皇朝的建立，使秦始皇在政治上获得了巨大成功。同时，秦朝政权也面临着各种矛盾和压力。统一之后，秦始皇大兴土木、横征暴敛、巧取豪夺、挥霍无度，天下怨声载道。特别是到秦始皇晚年，人民的各种反抗活动此起彼伏，接连不断；六国旧贵族也蠢蠢欲动，企图东山再起。秦帝国即将陷入严重的政治危机。而作为一名独断专行、刚愎自用的专制君主，秦始皇认为自己有能力统一天下，就有能力和责任治理好天下。他不相信别人有能力把秦帝国稳定下来，更不情愿把一个危机四伏的秦帝国拱手让人。为了治理好国家，他需要时间，需要长生不老，而求仙恰恰能让他的梦想成真，因此，他对求仙活动的热情和执

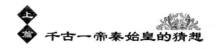
着也就不难理解了。

第二，秦始皇晚年求仙活动的一次次失败，使他想到了死。而在接班人的选定上，又始终无法取舍。尽管希望"朕为始皇帝。后世以计数，二世三世至于万世，传无穷。"但选谁为二世，却成了他的一道难题。

秦始皇儿子很多，史书中记载较多的只有长子扶苏和少子胡亥，这两人也是秦始皇诸子中最有能力、最有地位、最有可能的继承皇位的人。扶苏作为长子，"刚毅而武勇，信人而奋士"，"百姓闻之贤"。但是他在治国思想上却与其父有很大的不同。秦始皇独断专行，主张以法治国；而扶苏却钟情儒家学说，主张以仁治国。秦始皇焚书坑儒，扶苏直言劝谏："天下初定，远方黔首未集，诸生皆诵法孔子，今上皆重法绳之，臣恐天下不安，惟上察之。"秦始皇大怒，把他赶出首都，"使扶苏北监蒙恬于上郡"。按扶苏的地位、能力、威望来说，应该是继承皇位的最佳人选。尽管秦始皇也非常清楚，但他并不希望把权位传给一个与自己的治国之道不同的人。因此，传位扶苏，虽是大势所趋，秦始皇却并不心甘情愿。

少子胡亥最得秦始皇喜爱，但这种喜爱更多的是老年人疼爱幼子的心理作用。胡亥"慈仁笃厚，轻财重士，辩于心而讷于口，尽礼敬士"，也曾跟赵高学习法律。他表面木讷内心却狠毒。让胡亥继位，群臣未必

畏服。传位于他，自然也难放心。眼下社会危机十分严重，而又找不到一位让自己放心满意的继承者，秦始皇而忧心忡忡。因此，为了使国家基础坚如磐石，他必须长寿。这样看来，无休止地寻求仙药，不仅是一种个人愿望，而且已经成了秦帝国的政治需要了。

第三，秦始皇的求仙活动，还与他贪婪的个性有关。统一全国后，正如丘琼山所说："始皇既平六国，凡平生志欲无不遂，唯不可必得志者，寿耳。"特殊的经历、自负的性格和无限的欲望，都导致他对长寿的追求超出了常人。

第四，对于秦始皇的身体状况，曾经一段描述："秦始皇为人，蜂准、长目、挚鸟膺、豺声。"有学者认为："'蜂准、挚鸟膺，豺声'都是生理的缺陷，特别是'挚鸟鹰'，也就是当今医学上所说的鸡胸，是软骨病的一种特征。"可见，秦始皇从少年时起身体素质就极差。登上王位后，他日理万机，夜以继日地勤奋工作。统一天下后，又骄奢淫逸，纵欲无度，使多病的身体过早地衰弱下来。面对自己的身体状况，他不得不经常开始思考生死问题，力图寻求摆脱死亡威胁的途径，这也是他长期迷恋求仙的基础。

第五，为了夺取天下，实现统一，早年的秦始皇积极进取，礼贤下士，小心谨慎，生活节制。对国家大事，都要亲自过问，亲自处理。统一中国后，秦始皇开始忘乎所以，贪婪暴虐的本性逐渐显露，无限的私欲恶性膨胀。在咸阳，他大兴土木，模仿建造六国的宫殿，由于享乐的欲望越来越强，又开始嫌宫廷过小，动手兴建富丽堂皇、规模空前的阿房宫。有人劝诫他："今上治天下，未能恬淡。"他则回："乃令咸阳之旁二百里内宫观二百七十，复道甬道相连，帷帐、钟鼓、美人充之，各案署不移徙。"在尽情享受华宫美女之乐的同时，又屡次带着豪华的仪仗队到全国巡察，游山玩水，寻欢作乐。在政治上称皇帝、建郡县、击匈奴、徙民众……为所欲为，真是嚣张到极点。就在他的欲望不断得到满足，尽享荣华富贵之时，身体也在走入下坡，死亡日渐逼近。对欲壑难填的秦始皇来说，只有成仙才能长生，才能保住自己所享有的一切，才能使自己的欲望无限度地伸张。

第六，特殊的经历和至高无上的地位，造就了秦始皇自以为是、唯我独尊的个性。他贪图权势，统一后更加忘乎所以，听不进任何反对的声音。很多人因反对秦的政策而遭焚书之祸；长子扶苏因对坑儒有不同意见，竟被发配到边疆。这样的性格，自然使他失去了对人的信任，不放心把政事交给别人处理，更不甘心死后把政权交给别人，对他来说，最佳的选择只能是永生了。

在求仙的过程中，尽管他听信方士之言，求炼不死之药，但事实却一次次令人失望，于是他开始大规模营造骊山墓，希望把生前骄奢淫逸的帝王生活搬到地下。但是从兵马俑的发掘可以看出，他直到躺在陵墓

里，他仍然固执地追寻着成仙之路。古代帝王讲究坐北朝南，而兵马俑却是面向东方。据勘测，躺在地下的秦始皇也是头西脚东，秦人称为面东。面东代表了他向往东方、入海求仙之梦。可见，无法长寿成了秦始皇死不瞑目的遗憾了。

通过这些分析，秦始皇的求仙举动，既反映了剥削者共有的追求享乐的贪欲，也有自身经历、身体状况的因素；既受到当时社会文化环境的制约，又有个人性格偏好的影响；既有当时科学文化发展水平的局限，又有现实的政治需要。社会因素、政治因素和个人因素的综合作用，才使得秦始皇对求仙活动表现出始终如一的坚定和不同寻常的热情，而他的求仙活动对他的晚年生活及秦朝政治产生了巨大影响。

 成仙之道之谜

作为一名封建君主，秦始皇统一天下后却把大部分精力投入到了寻神仙、求仙药上。他走遍全国、坑杀儒士、兴建宫室，用尽一切手段企图长生不老，最终死在了巡游求仙的途中。秦始皇的求仙活动对秦始皇的统治产生了巨大影响，加速了秦朝的灭亡。秦始皇为什么会如此迷恋成仙不死之道呢？毫无疑问，这一现象的背后隐藏着深层次的各种原因。深入分析这些因素，有助于我们解开秦始皇执着求仙的千古之谜。

一个人的思想行为不是孤立的，而是带着时代的烙印。秦始皇的求仙活动无疑也受到了当时的社会文化影响，是特定历史时代的产物。

首先，求仙思想根本是起源于灵魂不灭的观念。据闻一多先生考证，西方的羌族很早就有了肉体毁尽、灵魂永生的观念。后来这一思想流入齐地，与齐地的肉体不死、灵肉并生的观念相结合，最终成为纯粹的肉体不死的神仙思想。神仙的老家在西方，今甘肃、新疆一带，正是古代

羌族的居住地。相传西北黄土高原的人民在远古时期就有神仙住在昆仑山上的传说。《山海经》《穆天子传》等古籍中，记载着传说中西方的不死民、不死树、不死药等。可见在先秦时期，西北地区的神仙学说是有着广泛影响的。

秦国虽然起源于东夷，但是他们长期居住在西北，是在羌的包围之中成长壮大起来的，因此他们已经羌戎化了。斯维至先生认为，在秦始皇陵的兵马俑中，很多地方反映了羌人灵魂不灭的思想及羌戎文化的其他特点。而且据《史记》的记载，秦国历代国王也都有迷信神灵、祭祀神鬼的传统。在这样的文化氛围中成长起来的秦始皇，自然会受到神仙学说的影响。

其次，在战国秦朝时期，最喜鼓吹神仙学说的是方士。他们形象地宣扬海外有三神山，上有黄金、白银造成的宫殿和纯白色的鸟兽，仙人们就住在那里。他们有不死之药，可以永远逍遥自在。仙人不与凡人来往，方士们自称他们掌握着一种神奇的办法即方术，利用方术就可以见到神仙，并从神仙那里求得不死仙药。方士们还宣扬他们收藏着一些秘方，可以炼制仙丹，凡人吃了这些仙药或是仙丹，就可以成为仙人。

成了仙人就可以使生命无限延长，永享快乐，因此这一学说对世人产生了巨大的吸引力。尤其是那些尽享荣华富贵的王侯，更是被方士们的神仙学说迷住了心窍。《史记》中记载，战国时期的齐威王、齐宣王和燕昭王都曾派人入海去寻找不死之药，结果自然是一无所获，但他们仍乐此不疲。秦始皇征服六国后，也很快被神仙学说征服。方士们对仙山、仙境栩栩如生的描述，对仙人随心所欲而又长生不老的生活的赞美，都令秦始皇心驰神往、深信不疑。全国巡游时，秦始皇所到之处，方士们无不闻风而动，使他深陷方士文化的笼罩之中。秦始皇对方术的深信不疑，更促进了神仙学说的发展，求仙之风愈演愈烈，成为当时秦始皇苦苦追求成仙之道的社会基础。

最后，秦始皇统治时代，燕齐滨海之地成为方士文化的中心，这与当地特殊的地理环境有直接关系。琅琊、芝罘等地濒临渤海，惊涛拍岸，景色壮观，常会出现海市蜃楼。方士曾传说："此三神山者，其传在渤海中，去人不远；患且至，则船引风而去。盖尝有至者，诸仙人及不死之药在焉。其物禽兽尽白。而黄金银为宫阙。未至，望之如云，及到，三神山反居水下。临之，风辄引去，终莫能至云。世主莫不甘心焉。及至秦始皇并天下，至海上，则方士言之不可胜数。"这种美妙异常的景观，显然就是海市蜃楼现象。在大批方士的渲染之下，秦始皇更加信以为真。为求仙药，他几次亲自到琅琊、芝罘等地巡游，并长时间停留，想必应该亲眼看到过海市蜃楼的奇观，应该更加激发了他求取仙药的决心和热情。

徐福东渡寻仙丹之谜

秦始皇统一中国以后，曾三次大规模巡视山东沿海地区，三次均经过徐福故里——秦齐郡黄县（今山东省龙口市）。秦始皇东巡的目的，除向全国宣扬他统一四海的功德，巩固中央集权外，主要是为了寻找三神山，求取长生不老药，以便永远统治中国。

秦始皇第一次东巡山东，是在公元前 219 年（秦始皇二十八年）。这一次，秦始皇在泰山举行完封禅大典后，率领群臣经历下（今山东省济南市）和齐故都临淄（今山东省淄博市临淄区），沿着渤海南岸东赴黄县（今山东省龙口市）。在黄县停留期间，秦始皇召见了徐福。徐福奉命陪同秦始皇登莱山，祭月神。秦始皇一行人离开黄县之后，经县（今山东省烟台市福山区）到达山东半岛最东端的成山头（今山东省荣成市境内）。在返回途中，秦始皇等人登上了芝罘岛（今山东省烟台市芝罘区境内）；然后南行前往琅琊郡，在那里住了三个月。在秦始皇畅游琅琊的时候，徐福等人上书说渤海中有三神山，名叫蓬莱、方丈、瀛洲。山上住着许多仙人，还珍藏着一种人吃了可以长生不老的奇药，他愿求取献给皇帝。

秦始皇早就盼着能吃上长生不老药，于是欣然批准了徐福的请求，并让他带着许多金银财宝入海求取仙药。据说徐福第一次出海求仙，因风大浪急失败而归。他回来却对秦始皇说："臣在海中遇到海神，告之来此求取延年益寿药，海神嫌礼薄，只准参观不许取药。臣在蓬莱山见到灵芝生成的宫阙，宫中住着许多仙人，个个健康长寿，光彩照人，于是臣又问：'用什么样的礼品来献才能得到仙药？'海神说：'以美好童男童女和各种工匠用具做为献礼，就可以得到仙药了'。"秦始皇听后，遂命徐福征发童男女、工匠用具。

秦始皇第二次东巡山东，是公元前218年（秦始皇二十九年）的春天。秦始皇虽然在途中遭到刺客的伏击，但他仍按计划经黄县直赴芝罘，然后再次住进琅琊行宫。这次因徐福入海求仙未归，秦始皇只好先返回咸阳。

秦始皇第三次东巡山东，是公元前210年（秦始皇三十七年）。这次巡行是由南向北，最后到达琅琊行宫。这时，徐福听闻秦始皇驾临琅琊，急忙从家乡赶来面见秦始皇。徐福从第一次入海求仙到现在已有10年时间，耗资巨大却始终没有求得仙药。为了免受责罚，他对秦始皇说，长

生不老药在蓬莱仙山，只是有大蛟鱼守护无法近前取药，请皇帝派一些弓箭能手同去。秦始皇求药心切，当即批准了徐福的请求，命他选拔童男童女、各种工匠、弓箭手等入海求取仙药。秦始皇为了让徐福求仙更加顺利，他一面派人带着捕鱼工具入海准备捕捉大蛟鱼，一面自己带上连发的弓弩准备与大蛟鱼搏斗。

秦始皇一行乘船从琅琊港出发，前往芝罘。一路上没有什么发现，直到临近芝罘才看见一条大鱼。秦始皇将大鱼射杀以后，一路西航，至莱州湾西岸的厌次县（今山东省阳信县东南处）上岸。在返回咸阳的路上，秦始皇病死于沙丘平台（今河北省平乡县境内），年仅53岁，至死也没见到长生不老药。徐福送走秦始皇以后，带领着童男女和五谷百工入海求仙，随后，东渡日本，成为迄今有史记载的东渡第一人。

徐福东渡一事，最早出现于司马迁的《史记》。徐福东渡把秦代文明传入日本，促进了日本社会质的飞跃。在日本，徐福因此被尊为农耕神、蚕桑神和医药神，日本纪念徐福的祭祀活动历千年而不衰。但是，自从司马迁在《史记》中第一次记载徐福东渡活动以来，也把与徐福有关的疑团留给了后人。

首先，徐福东渡是否到达日本？关于徐福的目的地的问题，学术界大多数学者认为，徐福东渡确实到了日本，甚至有人提出，徐福到日本后建立了日本王朝，徐福就是神武天皇；也有学者对此说法提出质疑。

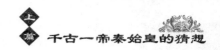

认为他是到了海南岛或者是朝鲜，还有人提出他是到了美洲。

据《史记·淮南衡山列传》记载："徐福得平原广泽，止王不来。"可以推测徐福登陆地点是平原。日本是一个由三千多个小岛组成的岛国。本州、九州、四国与北海道是其中四个大岛，总面积达到 37 万多平方公里。全国有 24% 的面积为平原，较大的平原有关东平原、浓尾平原、畿内平原等。除日本列岛外，其他岛屿没有"平原广泽"的地理特征。

另外，在后世的史书资料中对徐福东渡日本也有记载。《三国志·吴书·吴主传》中写道："长老传言秦始皇遣方士徐福将童男女数千人入海，求蓬莱神山及仙药，止此洲不还。"五代时期义楚和尚所写《义楚六贴》中提到："日本亦名倭国，在东海中，秦时，徐福将五百童男，五百童女止此国。"在日本学术界，也有不少史料记述徐福到日本的情况，林下见林在《异称日本传》中写道："夷洲、澶州皆日本。相传纪伊国熊野之山下有徐福墓。熊野新宫东南有蓬莱山，山前有徐福祠。"新井君美在《同文通考》中也提到"今熊野附近有地曰秦住，士人相传为徐福居住之旧地。由此七八里有徐福祠。其间古坟参差，相传为其家臣之冢。如斯旧迹今犹相传，且又有秦姓诸氏，则秦人之来往乃必然之事。"

徐福在日本民间被尊称为农神、蚕桑神、医药神。一些日本人认为自己是徐福的后裔，因为他们认为在日语中，秦与羽田的发音相同。日

本前首相羽田孜就说："我是秦人的后裔，我的姓在很早以前写作'秦'，我当首相时，考古学家和历史学家对我的家族进行了调查，并在祖墓碑上发现了'秦'字。"

当然，也有学者认为，徐福东渡日本就是一个传说而已。在隋唐时期，日本与中国交往极为频繁，但在文献之中却罕见"徐福"二字。又有学者认为，徐福东渡是历史事实，但不是去了日本，而是美洲，因为徐福东渡的时间与美洲玛雅文明的兴起相吻合。南京古物保存所所长卫聚贤在《中国人发现美洲》考证，美洲特产四十多种动植物矿产为先秦人民所知。聚贤认为哥伦布在发现美洲之前，已有多位中国人到过美洲，所以徐福后来东渡美洲很有可能。吴人《外国图》也曾指出"澶洲去琅琊万里"，根据距离分析应该不是日本，而是美洲。最早记述倭国的《后汉书》把澶洲与日本区别开来的。"澶"字含义为"大岛"，美洲大陆形状又像"澶"字，故以字形命名。现在檀香山还遗留着带有中国篆书刻字的方形岩石，旧金山附近也出土过一些刻存中国篆文的古箭文物，所有这些都可作为徐福东渡美洲的明证。

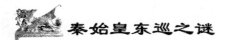 ## 秦始皇东巡之谜

秦始皇统一中国之后，即公元前 220 年至公元前 210 年，曾先后五次大规模出巡。有关秦始皇出巡的原因，根据历史上的各种总结，大体归纳为以下三点：

第一，通过巡游四方，宣扬秦始皇的成功与强大，镇服人民。

第二，目的主要为游山玩水。

第三，寻仙山与仙人，找长生不老之药。秦始皇晚年迷信神仙，自号真人，放弃称"朕"，几次到沿海一带，以期长生不老。

对于秦始皇出巡的真实结果，历史上也有以下正反两方面的总结：

从正面来说，一是对于加强封建统治，视察前线，巩固边防起了一定的客观作用；二是治驰道，疏交通，有一定的政治、经济意义；三是出巡中也做了一些整齐四方风俗的事情，用先进的封建文化去改造一切不合时宜的陋风恶习，以维护社会秩序的安定。

反面的总结主要是劳民伤财。多次出巡，其总体上讲，是虐民害物之暴政。

秦始皇统一六国，在历史上第一次完成了真正意义上的中国统一，社会政治格局发生了根本性改变，历史史命完成之后，摆在秦始皇面前的是如何治理统一的国家。秦始皇是中国历史上第一个治理统一国家的君王，这就必然决定了秦始皇的每一个治国方略都是全新的尝试。

首先，在行政体制上，采用什么方法与策略才能够有效地管理？在秦始皇的统一政令中，最根本的是统一法度。废除各国原有的礼义法度，推行自商鞅变法以来的秦法制度，海内为郡县，法令由一统。秦始皇二十六年（公元前221年），丞相王绾等人提议分封皇帝诸子为诸侯王，而廷尉李斯主张实行郡县制。最终秦始皇支持李斯的意见："天下共苦战斗不休，以有侯王。赖宗庙，天下初定，又复立国，是树兵也，而求其宁息，岂不难哉！廷尉议是。"（《史记·秦始皇本纪》）这样，在统一之初，秦始皇决定了各地建立单一的郡县制度。

其次，几个信息是不可忽视的：第一，王绾等人请立诸子是因为北方、东方和南方地理较远，"不为置王，毋以填之"；第二，当"秦始皇下其议于群臣"的时候，群臣"皆以为便"，对这个理由是高度认可的，说明治理远方的重要性是非常突出的；第三，秦国皆为郡县，诸子功臣以公赋税赏赐之，是秦国已经"易制"所采取的办法，并且"天下无异意"，其目的是为保安宁。在六国统一之后，王绾等人为解决远方的镇守和安宁提出"分封弟子"，李斯的推行郡县制则是防止子弟疏远、相攻如仇的战国局面再次重演，而达到长治久安的统治结果。这两种办法各有道理，如何统筹兼顾，是秦始皇面临的一个重大决择，秦始皇通过深思熟虑最后决定采用后者，在各地建立单一的郡县制度。那么，如何解决在当时群臣高度认可的"不为置王，毋以填之"的矛盾，就需要秦始皇采取相应的措施和手段，以保证全国安定。

再次，《汉书·地理志》中记载秦时为三十六郡，《晋书·地理志》中为四十郡，王国维考定为四十八郡。这么多地方郡守怎样才能与秦始皇之间进行有效的沟通、督导和政绩考查，特别是一些重要的经济、政治区域，如齐、鲁、吴、楚等地区，北方和南方的重点边防区域，等等，都需要秦始皇必须及时掌控。

最后，因为秦始皇本人非常勤政，无论后世如何评说，秦始皇的勤政是不可否认的。如统一度量衡，统一文字、货币，"迁豪""徙民"等都是他勤政的结果。既便是卢生等人诽谤秦始皇的语言中，也透露出秦始皇勤政的一面，如"天下事无小大皆决于上，上至以衡石量书，日夜有呈，不中呈，不得休息"。这样一个"天下事小大皆决"的皇帝，

面对当时刚刚统一的大中国，他必然会采取一定的解决手段，再加上秦始皇长期的战争思维形成的多疑与对地方官的不信任，以出巡的方式来解决这些问题，对于秦始皇来说，应该是不错的办法。

以上这些原因便是秦始皇为什么多次大规模出巡的最根本的原因。尽管秦始皇没把出巡确定为一种制度，但秦始皇统一中国后，一直是把出巡作为一种准制度来执行的。

而秦始皇的出巡，究竟对全国的统治和社会的发展产生了什么样的作用，则应另当别论。虽然耗费了大量的人力、物力，但也解决了一些重大问题。功与过，自有评说。我们从当时的社会政治格局出发，很容易得出结论，出巡是秦始皇宏观治理国家所采取的重要的措施。

秦始皇东巡的主要目的是控制东部地区的政治形势和发展调配经济赋税。

政治方面，六国统一后，较好控制的地区是关中、汉中和巴蜀一带。而南方的楚国、东方的齐、鲁、燕国，则是反秦势力最突出的地方。因此秦始皇对东南一带格外重视，采取了一系列重要措施。如为了防止旧贵族势力起死回生，下令将原旧贵族及富豪迁徙到咸阳至巴蜀地区；为了消除反秦势力可能利用的地理优势，灭齐后，秦始皇立刻下令拆除山东境内的齐长城，夷去险阻；修筑自咸阳到东南各地的交通网，将驰道一直修到山东沿海。五次出巡中，四次东巡，多有威服海内以示强之感。

但最终东南一带仍然成为秦末农民起义的发源地。

经济方面，齐、鲁、吴、楚都是重要的经济地区，特别是山东地区的经济发展，对全国起着至关重要的作用。为了保障庞大的政权官员开支和军队的供给，山东地区的赋税收入是必不可少的。《史记·齐太公世家》说："吾适齐，自泰山属之琅琊，北被于海，膏壤二千里，其民阔达多匿知，其天性也。"从西汉初年的经济状况即可知山东地区经济发展的强势：山东铁的产量占全国的四分之一；盐的产量占全国的三分之一；山东的临淄、定陶、济宁是当时三大丝织业生产基地，是全国最大的纺织中心。这样一个对全国具有重大经济意义的地区，秦始皇肯定要高度重视。因此，他在东巡的过程中，采用了发展农业、开通运输等重要措施。为解决人力资源的不足，于公元前219年下令迁徙三万民户于琅琊台下，免其12年租税。

军事供给方面，秦朝建立以后，北方的匈奴成为最大的外患。秦始皇除了修筑长城外，还派长子扶苏和大将军蒙恬、蒙毅率大军在长城一线驻守。公元前215年东巡，又派蒙恬率兵三十万北击匈奴，收复了河套以南失地。为解决军需供给，秦始皇大规模开辟海运，大批征调山东一带的粮草。开辟了自琅琊过成山头经勃海抵天津和山东龙口至天津的两条海上交通运输线，这也可以看出，秦始皇要确保北方军用物资以解决外患之忧，必需加强对山东一带经济区域和山东沿海交通要道的控制

能力。

综上所述，秦始皇治理国家的根本出发点和他的勤政态度是无可非议的，采取出巡的方式也是有道理的。只是秦始皇过于急功近利，威慑大于恩惠，同时，人力、物力的掏空政策是导致统治失败的最重要的原因。

秦始皇死因之谜：病故还是谋杀

千古一帝秦始皇，兼并六国，统一天下，建立了高度集权的大秦帝国，但最终也与平民一样没能逃脱死神的魔掌。人终有一死，但秦始皇死得蹊跷、古怪，令人匪夷所思。

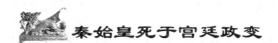
秦始皇死于宫廷政变

始皇三十七年（公元前210年），千古一帝秦始皇死在他第五次东巡途中。或许秦始皇注定是一名争议颇多的历史人物，他的死如他的身世和他的雄才大略一样，引起了后人的争议。目前史学界对他的死有两种

截然不同的观点：一种说法是死于疾病；另一种说法是死于非命。

死于疾病说。《史记》对秦始皇记述很多，《秦始皇本纪》《李斯列传》《蒙恬列传》等都有记载，死因已明，无可置疑。公元前218年，秦始皇东巡时遇刺，身后的一辆副车被刺客砸得粉碎；之后，又发现了刻有"始皇帝死而地分"的陨石，扬言"今年祖龙死"的"仙人"。秦始皇很迷信，他感到恐惧不安。为了消灾避难，秦始皇听从了一名占卜者的建议，开始第五次巡游。但是由于一路奔波，秦始皇到平原津(今山东平原附近) 就病倒了。赵高奉命写遗书给受命监军河套的秦始皇长子扶苏："与丧命咸阳而葬。"信还未发出，秦始皇就死在沙丘行宫(今河北广宗附近)。

据《史记》记载，秦始皇自幼体质较弱，他为人又刚愎自用，大小事情都要亲自裁决；每日批阅文书120斤，工作极度劳累；加以巡游时七月高温，凡此种种，使他在途中病发身亡。至于他死于何病，有种说法是他死于癫痫。郭沫若曾推测秦始皇幼时患有软骨症，时常患着支气管炎，所以他长大后胸部和鸷鸟一样，声音似豺狼，后来由于政务繁重，引发脑膜炎和癫痫等疾病。后来秦始皇渡黄河，癫痫病发作，后脑壳撞在青铜冰鉴上，加重了脑膜炎的病情，人处于昏迷状态；当车赶到沙丘后第二天，赵高、李斯发觉秦始皇已死去多时。

死于非命说。通过几篇有关秦始皇死亡情况的史书推敲，有人发现了可疑之处。赵高的父母都是秦国的罪人，他的父亲受秦宫刑，母亲是一名官奴婢。赵母在秦宫中生下赵高兄弟几人，都是生而为奴。后来秦始皇听说赵高身强力壮，懂点"狱法"，提拔他为中车府令。赵高在秦始皇病重和死后的某些表现，使人不得不怀疑秦始皇的死与赵高有关。这次出游随行人员主要有赵高、李斯、胡亥等人，上卿蒙毅也在随行之列。蒙毅是蒙恬的亲弟弟，也是扶苏的亲信，可是当秦始皇在途中病重时，蒙毅被遣返回边关。从这突然的人事变动来看，似乎是赵高等人的计谋。因为蒙恬领兵30万随公子扶苏驻防上郡，从秦始皇的身边遣走蒙毅，也就是去掉了扶苏的耳目；加之赵高曾被蒙毅治罪而判死刑，后因秦始皇赦免，赵高才恢复官爵，赵高从此对蒙毅恨之入骨，发誓要灭掉蒙氏一族。赵高在秦始皇病重时遣走蒙毅，也为自己后来计谋的实施清掉了一块绊脚石。

秦始皇死后，赵高采取了说服胡亥威胁李斯的手法，三人经过一番密谋，假造诏书，由胡亥继承皇位。同时，还以秦始皇的名义指责扶苏为子不孝、蒙恬为臣不忠，命其自杀，不得违抗。扶苏自杀后，胡亥、赵高、李斯立即命令车队日夜兼程，迅速返回咸阳。为了继续欺骗臣民，车队不敢直接回咸阳，而是摆出继续出巡的架势，绕道返回咸阳。由于暑天高温，秦始皇的尸体已经腐烂发臭。为遮人耳目，胡亥一行命人买了许多鱼装在车上，迷惑大家。到了咸阳后，胡亥继位，是为秦二世，

赵高任郎中令，李斯依旧做丞相，但是朝廷的大权实际上已经落到了赵高手中。赵高阴谋得逞以后，开始对身边的人下毒手。他布下陷阱，把李斯逐步逼上死路，李斯发觉赵高阴谋后，就上书告发赵高。秦二世胡亥偏袒赵高，将李斯治罪，最后在咸阳将李斯腰斩。赵高升任丞相，由于他是宦者，可以出入宫禁，特称"中丞相"。

赵高的最终目的是要做皇帝。秦始皇第五次出巡途中病重，对赵高来说是天赐良机，只有在秦始皇死后，他才能假传遗诏，一步一步实施他的计谋。至于秦始皇是病死还是被害，目前尚无定论，如果是被害，赵高又是如何使秦始皇致死的？

在郭沫若的一篇历史小说《秦始皇之死》中这样描述秦始皇死时的症状："右耳流关黑血，右耳孔内有一根寸长的铁钉。"郭沫若认为这是胡亥害怕夜长梦多，担心赵高、李斯发生动摇而下的毒手，这事李斯和赵高事先并不知情。但从某些方面看赵高进行谋害的可能性似乎更大，因为诏书、玉玺都在赵高手中，继承王位的决定权也掌握在他与李斯手中。而胡亥即使弑父，如果没有赵高、李斯的配合，非但得不到王位，反而会引来杀身之祸。而赵高随侍皇帝左右，若要下手，比胡亥要方便得多。

然而赵高为什么要谋害秦始皇？主要原因就是赵高害怕扶苏继承王位。赵高曾对李斯说过这样的话："长子刚毅而武勇，信人而奋士，即全必用蒙恬为丞相。"由于赵高对蒙恬、蒙毅恨之入骨，所以他不希望蒙氏尊宠，所以必须阻止扶苏即位。但是秦始皇宠爱长子扶苏，只有伺机杀掉秦始皇，才可立十八子胡亥。秦始皇平时居于深宫，戒备森严，赵高根本没有机会下手。现在他在途中病倒，这真是天赐良机。正如赵高劝胡亥时所说："狐疑犹豫，后必有悔，断而敢行，鬼神避之，后有成功。"所以他果敢地对重病中的秦始皇下毒手，这完全有可能。

那么，赵高是否敢冒着弑君的罪名，去做这风险极大的勾当呢？赵高曾对胡亥说"臣闻汤武杀其主，在下称义焉，不为不忠。卫君杀其父，而卫国载其往，孔子著之，不为不孝。"赵高不仅有以上弑君言论，而且还有弑君的公开行动。当秦二世拜赵高为中丞相后不久，大泽乡陈胜、吴广揭竿而起，燃起农民斗争之火，是时，赵高认为天下已乱，准备篡位称帝。可他不知道朝中大臣有多少人能听他摆布。于是导演了一出"指鹿为马"的闹剧，准备试一试自己的威信，同时也可以摸清会反对他的人。

一天上朝时，赵高把一只鹿献给秦二世，对秦二世说："陛下，我献给您一匹好马。"秦二世一看，便笑着对赵高说："丞相搞错了，怎么把鹿说成是马呢？"赵高淡定地说："请陛下明查，这确是一匹千里马。"秦二世又看了看那只鹿，将信将疑地说："马的头上怎么能长角？"赵高一转身，面朝众大臣，说："陛下如果不信的话，可以问问众位大臣。"

大臣们都被搞得不知所措，但当他们看到赵高脸上阴险的笑容时，他们们忽然明白了他的用意。他们当中，有的怕得罪赵高，不敢说实话，只好默默不语；有的讨好赵高，跟着说假话，硬说是马；有的尊重事实，直言为鹿。事后，赵高认为直言为鹿的都是反对他的人，将他们一一暗害。而对那些在事实面前表示沉默的人，特别是那些说假话的阿谀奉承的小丑，则成了赵高网罗的对象。赵高摸清底细之后，不久便派他的女婿咸阳令阎乐率士兵千余人，闯入望夷宫，逼胡亥自杀。胡亥苦苦哀求，阎乐骄横地说："臣受命于丞相，为天下沫足下。"胡亥只好自杀身亡。事后，赵高把玉玺佩在自己的身上，欲自立为帝，可是群臣一致反对，他无可奈何，只好立胡亥的侄子子婴为王。从这般逼宫的行径就可以看出，赵高这种心狠手辣的人，他弑君并不为怪。

如此看来，秦始皇之死实质上是一场宫廷政变，而这场政变的导演是赵高，而扶苏、蒙恬、蒙毅、李斯、胡亥等都是被他支配的牺牲品。至于赵高如何将秦始皇致死，则无从考证。

秦始皇是病故还是被害？至今尚无定论。不过，据考察，秦始皇陵没受破坏，秦始皇可能遗体尚在，而且墓中大量的水银形成的水银蒸气对遗体有冷凝防腐作用。待秦始皇陵发掘之时，秦始皇死亡之谜自然可以真相大白了。

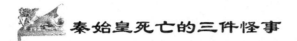

秦始皇死亡的三件怪事

一生追求集权的秦始皇在创立了一个高度集权的大秦帝国之后，年近半百之时，考虑更多的是如何长生不老，尽享万世之尊。然而，一连串怪异事件的发生，让秦始皇寝室难安、心神不宁。为了避凶趋吉，秦始皇四十九岁时，又开始了他人生的第五次巡游。然而此次巡游却引发了一起千古疑案——秦始皇离奇地命丧沙丘。那么，秦始皇的这次巡游究竟发生在怎样的背景之下？秦始皇为什么会蹊跷地死在巡游途中呢？

古代帝王都极为重视天象，因为他们认为天象即天意。在众多天象中有两种备受关注：一是五星连珠，二是荧惑守心。

五星连珠即金、木、水、火、土五颗行星排成一条直线，这被看成是最吉利的天象。

史书记载刘邦登基那一年曾经出现五星连珠的天象，现代天文学家利用计算机推演，证明五星连珠发生在刘邦继位的第二年。根据计算机

推演，中国历史上还有两次五星连珠没有得到记载，一次发生在吕后称制之时，一次发生在武则天称帝之时。可能史学家不想让五星连珠证明女主也是顺应天命的，所以，即使出现五星连珠也不加以记载。

荧惑守心则是最不吉利的天象。

什么叫"荧惑守心"呢？中国古代把"火星"称作"荧惑"，二十八宿中的"心宿"简称为"心"。"心宿"就是现代天文学中的"天蝎座"，主要由三颗星组成。当火星运行到天蝎座三颗星的附近，并停留一段时间，就出现了"荧惑守心"的天象。古代对这种天象做出的解释是，天蝎座的三颗星中间最亮的一颗代表皇帝，旁边两颗，一颗代表太子，一颗代表庶子。"荧惑守心"的出现在古人看来就意味着，轻者天子要失位，严重者就是皇帝死亡。

请看史书记载的一个西汉末年的例子。

绥和二年仲春，有人向汉成帝的丞相报告出现了"荧惑守心"天象。丞相看到奏本，不知道如何是好。占星官上奏汉成帝，说天象告变，国运有厄，如果不移祸大臣，恐怕国家将陷于危难。汉成帝看到报告后非常惊慌，不用多加思虑便决定移祸于丞相。皇帝为了保全自己一向不惜手段，丞相是移祸的首选。

于是，汉成帝立刻召丞相上朝，斥责他为相多年，不能调理好阴阳，导致天象变异。丞相回到家中，惶惶不可终日，但仍存有一丝侥幸。岂料，汉成帝早已决定了拿他做替罪羊。第二天一早，汉成帝便派人给丞相送去诏书，大意为本来我认为你明理、勇敢，能够助我治理好国家，但是你为相十年，却给国家带来了灾难。你这样的丞相怎么能够再辅佐我！念你为国奉献多年，我不忍心罢你的官，希望你能忧国如家。汉成帝又赐给他好酒、黄牛。按汉朝惯例，皇帝赐给大臣牛和酒，即是赐死。丞相知道了皇上的用意，饮鸩自杀。丞相自杀之后，汉成帝才放宽了心，赶忙发布消息说，丞相暴病而死，下令厚加抚恤。汉成帝还亲自到丞相家中多次吊唁，他认为从此之后国运可以亨通，自己也可以天命永固了。但是不到一年，这个嫁祸于人的汉成帝也暴毙了。

这当然是秦始皇以后的事情，秦始皇是不知道的。但是，足见天象的变化对皇帝影响有多大，这一直是举国关心的大事情。

秦始皇三十六年，一连发生了三起让秦始皇非常烦心的事件。第一件事就是"荧惑守心"。《史记·秦始皇本纪》的记载是"三十六年荧惑守心"。

第二件事是陨石事件。秦始皇三十六年，一颗流星坠落到了东郡。东郡是在秦始皇即位之初吕不韦主政时攻打下来的，是当初齐、秦两国的交界地。现在已是大秦帝国的一个东方大郡。陨石落地还不可怕，可怕的是陨石上面刻着"始皇帝死而地分"。这七个字非同小可！它代表了上天的旨意，预示着秦始皇将死，同时也预告了大秦帝国将亡。

这种事情地方官哪敢怠慢，消息迅速传到了秦始皇耳中。秦始皇当然震惊不已，立即派御史到陨石落地处，逐户排查刻字之人，结果一无所获。愤怒的秦始皇下令：处死这块陨石旁所有的人家，并立即焚毁这块刻字的陨石。人死了，石焚了，但是，秦始皇心中的阴影并未消失。

第三件事是沉璧事件。深夜，一位使者从东经过华阴，突然有一个人手持玉璧将其拦住。他对使者说，请你替我把这块玉璧送给滈池君，并说："今年祖龙死。"使者莫名其妙，忙问他是什么意思。但是，这个奇怪的人留下玉璧，转眼就消失了。使者带着玉璧回到咸阳，立即向秦始皇做了汇报。秦始皇听后，第一反应就是这句话中的"祖龙"指的是自己。退朝之后，秦始皇对别人说，"祖龙"是指人的祖先。听起来似乎口气很硬，其实已充满了无可奈何。然后，他派人将使者带回的玉璧送御府去察验，鉴定的结果是，这块玉璧竟然是他秦始皇二十八年巡游渡江时，祭祀水神而投到江水中的那块。十年前祭祀水神的玉璧怎么又被一个不明身份的人给送回来了呢？

一年之中连续发生的这三件怪事闹得秦始皇心里非常郁闷。他为这些事专门举行了占卜，得出的结果是出巡和迁徙百姓才能避灾。于是，秦始皇下令迁移三万户人家到北河、榆中地区，并且给每位迁徙户赠了一级爵位。

秦始皇得了什么病

公元前 210 年，秦始皇的庞大车队从北边（今内蒙古包头）向南快速向咸阳前进。这个车队中有数十辆外形上完全一样的豪华车，而且散发着一股刺鼻的臭味。原来，这些车辆中有几辆装满了发臭的鲍鱼，另外一辆豪华车装载着一具已经发臭的尸体。两种臭味混在一起，弥漫在整个车队之中。随行人员中除了几个人，多数大臣和众多随行人员对这个车队的秘密完全不知晓！

谁都没有想到，这具已经腐烂发臭的尸体，就是秦始皇的尸体。秦始皇生前无论如何也不会想到，他的人生竟然以这样的方式结束！这到底是怎么回事呢？

秦始皇到达平原津（今山东平原县西南）时突发重病。中国古代文献中的"病"与现代汉语中的"病"概念不一样。一般较轻的病，在古代文献中称为"疾"，只有重病才称"病"。所以，"至平原津而病"是

说秦始皇走到平原津时得了重病。"上病益甚",等于说秦始皇已经病危。此时的秦始皇也已经感到自己不行了,这才写了加盖玉玺的诏书给公子扶苏,召长子扶苏回咸阳主持丧葬。

《史记·李斯列传》中记载如下:"病甚,令赵高为书赐公子扶苏曰:以兵属蒙恬,与丧,会咸阳而葬。书已封,未授使者,始皇崩。书及玺皆在赵高所,独子胡亥、丞相李斯、赵高及幸宦者五六人知始皇崩,余群臣皆莫知也。"

大意是说:秦始皇在病危之时,特意让赵高起草了一封给长子扶苏的诏书,要他将兵权交给蒙恬,赶往咸阳主持丧葬。但是,诏书写完还没有来得及交给使者,秦始皇已经驾崩。这封诏书和秦始皇的玉玺都由赵高保管。此事只有胡亥、丞相李斯、赵高和几名贴身宦官知道。

但是,加盖了玉玺的皇帝诏书并没有及时交给使者发走,而是留在了中车府令、行符玺事赵高手里。"车府令"是皇帝专用车队的队长,专管皇帝的车马,这是极受信任的官员才能担任的官职。官名上加"中"字,意味着他可以出入皇宫。"行符玺事"是专管皇帝调兵符节与玉玺的官,这个职位也是由皇帝最信任的人担任。赵高一个人兼任了两个重要的职务,说明秦始皇对赵高非常宠信。

巡游的车队并没有因为秦始皇病危而停止前进,车队行至沙丘(今河北广宗县)平台,秦始皇驾崩。司马迁《史记·秦始皇本纪》以寥寥

两行文字作了简单叙述：

七月丙寅，始皇崩于沙丘平台。

这一年，秦始皇实际上才 49 岁，因古人多以虚岁计数，所以，人们常常称秦始皇 50 岁病故。

秦始皇是怎么死的？刚刚 49 岁的男人应当是非常健壮的，怎么会突然死亡？秦始皇的身体应当不错，当年荆轲刺杀之时，他在大殿上一路狂奔，简直就像是一位训练有素的短跑运动员。怎么会突然死亡了呢？

《史记》的记载非常简单。秦始皇在平原津突发重病，重病已经让秦始皇身边的大臣们感到死亡的可能，但是，秦始皇最讨厌大臣们提到他的死。所以，大臣们谁也不敢向秦始皇提到"死"这个字。这意味着什么？这意味着朝臣上下不会对秦始皇身后之事提前做好准备。直到病危，秦始皇才感觉不妙，赶快写诏书让扶苏入京主持丧事，但诏书还是没有迅速发出。

很遗憾，记录秦始皇死亡的唯一文献《史记》中并没有对他的病况加以记载，所以，他到底怎么死的至今仍然是个谜。

秦始皇陵之谜：千古皇陵如何诞生

秦始皇怎么会想到，当年为他陪葬的地下兵团两千年后又冲击地平线，再次旋风般地征服了世界。只是这回它不再是凭借金戈铁马，而是它永恒不朽的艺术魅力。

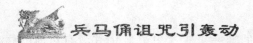

兵马俑诅咒引轰动

相传中国第一代封建君王秦始皇与其地下"国库"埋葬在一起，另据官方报道，通过对秦始皇陵进行核磁扫描，中德双方考古学家已经清楚地掌握了墓穴结构，并发现地宫中埋藏了大量钱币，还有专家说钱币大部分是铜币，也有小部分银币。

陵墓中放置的大量"硬币"，无疑是秦朝的"国库"，这一发现太让人感到震惊了。但我们不能开棺掘墓。原因很简单，挖掘就意味着毁坏，兵马俑退色了，马王堆辛追湿尸也变干了，北京十三陵中挖出来的一盘藕片更是化成灰了。如果这些宝藏在地下能得到更好的保护，就让我们先不要去惊扰它们。

由于遭受空气污染，秦始皇陵兵马俑正在缓慢风化。专家呼吁如果还不采取任何保护措施，用不了100年兵马俑将会遭到更严重腐蚀，五官和发型都有可能消失殆尽，双臂也有可能从身体上脱落。到时兵马俑坑看上去将与煤田没有什么差别，更不再有任何美学价值。

据相关媒体报道，中美两国科学家为早日提出控制治理对策，已经启动了一个短期保护计划，研究博物馆内空气污染物对兵马俑的影响，最终把保护由抢救性转变为预防性。同时专家还表示，如果措施得当，兵马俑"衰老"进程将会被延迟，但兵马俑到底还能保持多少年，目前还不清楚。

秦陵地宫果真有飞雁吗？

据《三辅故事》记载，楚霸王项羽入关后，曾带30万人盗掘秦陵。在挖掘过程中，突然有一只金雁从墓中飞出，一直朝南飞去。斗转星移

过了几百年，有一位三国太守张善还见到了这只金雁。浏览史书，司马迁和班固也都留下"黄金为凫雁"之说。至于说金雁能飞，也是有可能的。因为在春秋时期，鲁班已经能制造出能飞到天空的木雁。

不过一个金属物体要像风筝和轻气球那样在空中飞翔，必然要靠机械动力。再进一步分析，假设秦代有能力制作会飞的金雁，那么金雁埋入地宫之后将会不停地飞翔，一直在地宫内飞行了近一千个日夜。当项羽打开地宫墓道时，这个自动飞翔的金雁又沿着墓道顺利地飞出地面，然后又越过秦陵南侧数千米高的山峰飞往遥远的南方。

秦陵地宫水银是否来自旬阳？

近些年来，考古人员利用遥感技术对秦始皇陵进行勘测，初步确定地宫深度达 30 米，相当于现代 4 层楼建筑高。考古人员还发现了封土堆上存在着严重汞异常，有人推测汞储量可能多达上百吨，这也与司马迁的"以水银为百川江河大海，机相灌输"相吻合。秦始皇在地宫注入大量水银的理由大抵有两个，一是防止尸体腐烂，二是杀死入侵盗墓贼。

水银功效显而易见，但水银来源却一直是谜。陕西旬阳县有一座水银山，地质工作者在这里发现了古代采矿留下的 700 余处古矿洞，一般有几十米深，大洞套小洞，小洞连支洞，附近还出土了秦汉时期铁镢遗物。这些文物和遗迹显示，秦时的旬阳就已经是一个采汞重镇，运输水银可以沿古道经镇安、过柞水到达关中。当然这还是一种推测，需要进

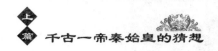

一步证实，但秦陵大量水银来自旬阳的可能性很大。

秦陵封土是一个正方形锥体，所以美国人叫它"黄土金字塔"。秦始皇陵不是三层台阶式"覆斗形封土"，而是建造在九层夯土之上的中华土木大金字塔，甚至比埃及胡夫金字塔还大。不仅如此，秦陵地宫也是一个同等规模的"倒金字塔"。这在世界上是绝无仅有的。

秦陵地宫能保存下来，一道"防水大坝"起了关键性作用，也就是地下那道规模巨大的阻排水渠。阻排水渠其实是堵墙，底部由厚达17米的防水性强的清膏泥夯成，上部由84米宽的黄土夯成，正好挡住了地下水由高向低渗透，有效保护了墓室不遭水浸。这一套阻排水渠不亚于都江堰、灵渠，北京国家大剧院也是按照这套办法来解决水浸问题的。

地宫的建成本身就说明了排水系统的成功，而阻水系统更是经历了2200多年时间检验。通过自然电场法和核磁共振法测出，在所推断的墓室和地宫范围内为不含水区，而阻排水渠外侧的相同深度为含水区，从而证实这个地下阻排水工程迄今仍然在发挥着作用。这应该就是班固在《汉书》中所言的"下锢三泉"。

众所周知，秦始皇陵地宫中设有防盗机关。但没人知道有哪些防盗机关。相传秦始皇陵地宫的周边填了一层很厚的沙子，形成沙海，使盗墓者无法透过挖洞进入墓室。

如果说沙海只是一种传说，那么暗弩则有明确的记载。司马迁在

《史记》中肯定地说：秦始皇陵中设有暗弩，在墓门内、通道口等处斗安置上这种触发性武器。当盗贼进入秦陵触动机关时，就会被强弩射死。与暗弩配合的机关还有陷阱等。盗墓者即使不被射死，也会掉入陷阱中摔死。

在秦末乱世，秦始皇兵马俑军团原型的秦京师军下落不明。据野史记载，楚霸王项羽，最后死于"兵马俑"之手。最后在乌江边斩杀项羽的 5 位骑兵将士，都是关中地区出身的秦人，也都是旧秦军将士，都是秦兵马俑的原型。

垓下之战，汉军 60 万，杨喜、杨武、吕胜、王翳、吕马童这 5 名骑士能够留下名字，已经是奇迹了。所谓史事锁链一环紧扣一环，最后竟然在项羽之死和兵马俑之间找到连接点，引出"兵马俑"杀死了项羽一事，让人无法不感到历史的深沉和神奇。

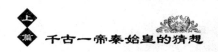

神秘莫测的秦陵地宫

正如对金字塔的探秘一样，后人对秦始皇陵的探秘也从未停止过，秦始皇陵内惊现 30 米"高楼"的报道再次引发轰动，秦始皇超出常人的思想和做法总令世人惊叹。

秦始皇 22 岁正式主持朝政。公元前 206 年，秦始皇朝即宣告覆灭，前后只有 15 年时间。一座秦始皇陵图库，就足以把人们带到那个既充满血腥和残忍又充满着创造和辉煌的年代。

秦始皇陵图库是古代帝王陵墓中规模最大、保存最好的陵园。陵区以陵墓为主体，地面上有高大的封土，呈覆斗形，中腰部有一缓坡状阶梯，园有内外两城，平面呈回字形，南边的内外城墙尚有局部残存于地表外，其余只在地下保留了墙基，内城中部的一条隔墙把内城分为南北两区，北区又有一条南北向夹墙把北区分隔成东西两部分，内城的南区，主要为陵墓的封土所占，封土的北侧西部有一大型寝殿

建筑基址，封土两侧是铜车马坑。封土西侧和南侧各有两个大型附葬坑，内城北区西半部建筑基址密集，是寝殿侧的便殿，北区东部挖出了 20 多座墓葬。内外城之间，西区由南向北依次为马厩坑、珍禽异兽坑、陪葬墓三处建筑基址。

外城墙南区靠近骊山，有防洪堤遗址，北区有鱼池遗址，还有宫殿建筑遗址，东区有一批兵马俑坑、马厩、陪葬墓群，西区为修陵人员墓地、窑址。秦始皇陵图库园的建制，在前代陵园制度的基础上又加以发展，初步奠定了中国封建帝王陵园的建筑格局，它是君王专制集权的体现，是封建帝王权威至高无上的象征。1987 年 12 月联合国教科文组织将秦始皇陵列入世界遗产清单，并于 1991 年 7 月 25 日在北京举行了《世界遗产》证书颁发仪式。证书的颁布，打破了时间和地域的界限，使秦始皇陵不仅属于陕西，属于中华民族，同时属于全世界，是世界人民的宝贵财富。

司马迁在《史记·秦始皇本纪》中对秦陵地宫内部结构作了详细记载。秦始皇即位后就开始修建陵墓，统一六国后，从各郡县征来 70 余万人，在骊山挖成既大又深的地宫，令工匠做了防盗的机弩矢，以水银为百川江河大海，用机械相互灌输，上具天文，下具地理，以人鱼膏为烛，让它永久不灭。秦二世胡亥下令后宫有子者从死，一群嫔妃宫女就这样为秦始皇殉葬了，秦始皇尸体下葬和陪葬一切安置之后，所有工匠葬于墓道内，无一幸免。

1981~1982 年，中国地质科学院物探所经两次测试，发现封土中心部位有汞异常反映。自 1988 年以来，经过 10 余年的仔细勘探，发现地宫周围的地下宫墙，系用未经烧制的砖坯砌成，四面有斜坡门道，东边五个，北边西边各一个，宫墙之内平面近方形的地宫，面积达 18 万平方米。

著名考古学家夏鼐先生曾推断，墓室顶部绘画或线刻的日、月、星像图，可能保存在始皇陵。

近年西安交大西汉壁画墓的发现提供了更加直接的资料。该墓壁画内容分为上下两部分，上部分代表天空，下部分代表山川，主室顶部绘有日、月、流云和各种姿态的仙鹤，最引人注目的就是青莲色、白色和黑色三色勾勒的两大同心圆圈，在这两个圆圈之间绘有星辰八十余颗，这就是我国古代天文中的二十八星宿图。

据此我们推断秦陵地宫顶部可能绘有代表天体的二十八星宿图，地宫中部是百宫次位、宫观台阁，下部是以水银做成的百川江河、大海。

秦始皇兵马俑图库坑是秦始皇陵的一组大型陪葬坑。

1974 年 3 月，当时农民打井时偶然发现了一号兵马俑图库坑，1976 年 4 月至 5 月又相继发现了二、三号坑。一号坑面积约 14000 平方米，内有兵马俑图库约 6000 余件，战车 40 余乘，是一个以步兵为主的长方

形军阵；二号坑面积约 6000 平方米，内有战车 89 乘，架车陶马 356 匹，骑兵鞍马 116 匹，各类武士俑约 1000 件，是一个车骑与步兵混合编组的军阵；三号坑面积为 520 平方米，内有卫士俑 68 件，驷马漆彩绘战车一乘，似为指挥一二号军阵的指挥部。

秦兵马俑开放 20 年来，已接待国内外游客八千多万人次，其中接待政府首脑就达一百多位。

秦始皇兵马俑被冠以"世界第八大奇迹"，但和秦始皇地宫比起来，它只是冰山一角，地宫虽然尚未打开，但地宫两侧的两乘大型彩绘铜车马足以使人大开眼界。规模巨大的地下陪葬坑虽然经过了 20 多年的勘探和试掘，它的真实面目仍然是一个谜，铜车马的铸造工艺是由上千种的不同质体的零部件铸造而成，艺术形象把握得相当准确，组装结合采取了焊接、铸接等多种工艺，让人无法不感叹艺术家与铸造师的卓越技艺。

1976 年春节，著名考古学家袁仲一先生散步至陵园西侧，出于考古学家特有的敏感他在一大堆破瓦中拣到一枚青铜钟，经袁仲一研究，这是秦乐府钟，高 13.3 厘米，在它的内壁有四条定音带，音带上还留下了奏乐人校正钟音时锉磨的痕迹，证明它是一个标准的定音钟。1982 年，我国著名音乐家吕骥来陕，敲响了乐府钟两千年来第一声，并证实这种属于古代音调的"宫"声。

当年，考古人员在一号坑发现一把青铜剑被陶俑压弯了，当他们把陶俑移开后，这把剑竟反弹平直了。这引起了专家们的极大兴趣，经多方测定，出土的青铜剑的硬度相当于中碳钢，主要成份为铜锡合金，此剑既硬又韧，其制造工艺使用了机械加工，更令人叹服的是，剑的表面有一层细密的铬盐氧化物，厚约十微米，即相当于一张报纸厚度的十分之一，这一发现震惊了世界，因为铬盐氧化处理方法是近代才出现的一种技艺，法国是1937年，美国是1950年发明的，而我国远在二千多年前的秦始皇时代就已创造了类似工艺。

兵马俑的发现不仅在于文物本身无法估量的价值，而且对古代雕塑史、古代兵器史、古代军事史、古代科学史的研究都有着非常重要的意义。

谁也不会想到秦陵附近竟然沉睡着一支7000兵马俑构成的古代雕塑群。兵马俑的发现改变了人们对东方雕塑艺术的看法，无论是官兵形象还是战马都不是模仿，而是有着它们内在的情感、灵魂和精神，它是中国古代写实艺术的典范，在世界古典雕塑艺术领域独树一帜。

兵马俑堪称古代地下军事博物馆，是大秦帝国的历史缩影。在展示了秦代物质文明的同时，还再现了当时的社会意识、观念和风俗习惯，这些宝贵的文物无疑会再现大秦帝国的辉煌……

秦始皇陵水银之谜

提到秦始皇陵的水眼，就不得不提到一个女人——巴清。

巴寡妇清是中国历史上第一位女富豪。她当时几乎垄断了全国的丹砂水银行业，并组建了庞大的私人武装以护卫她遍及全国的商业触角。她受到天下第一帝王的高度器重，难道仅仅是因为她的富有吗？

从战国时的商鞅变法，到秦始皇建立统一的中国，秦国和秦朝都奉行着鲜明的重农抑商国策。这个国策，在历代封建专制王朝延续了两千多年，成为保障专制权利不断延续的根本。

而在以专制著称的秦朝，这位女商人却能够豢养着一支庞大的私人武装。而且她不仅没有受到《秦律》的惩处，反而受到秦始皇的一再表彰，这究竟是为什么？

如果是因为她向长城捐款、为秦始皇陵提供足够的水银，但秦朝的专制王权完全可以无条件剥夺任何人的财富，秦始皇为什么要违背重农

抑商的根本国策，对一个寡妇如此开恩呢？

巴清曾被司马迁描写为"礼抗万乘，名显天下"，在极端专制的秦朝，谁敢于在"礼"的问题上，与"万乘"之国的君主抗衡呢？

这个女人一定是非同一般的。

据史料记载，巴清早年丧夫，终生守寡未再嫁。秦始皇为表彰其贞节，不仅命令巴郡的郡守为她修建了"怀清台"，还邀请她到都城咸阳安享晚年。

还有一点，秦汉以前女性再嫁是寻常的事情，有学者甚至认为，秦汉以前中国的两性关系其实一直很"开放"，而国家对"烈女"大张旗鼓的表彰，是宋明理学兴起以后才有的现象。那么，秦始皇为什么要对一个"商人"的"贞节"大加表彰呢？他真的仅仅是在夸赞她的"贞节"吗？这位寡妇究竟是个什么人呢？

关于巴寡妇身世的记载，历朝都有，但都是只言片语，以至于两千多年后，巴清的出生地究竟在长寿区还是在彭水自治县一直没有明确。

我们有一次去长寿区寻访千佛场的龙山寨，发现巴寡妇的名字在长寿区几乎家喻户晓。但没有人能说清巴寡妇的身世之谜。我们猜测，她的身世，很可能隐藏着一个更大的秘密。

表面上看，巴清与秦始皇的关系，无非是水银和提炼水银的丹砂，以及修建长城的捐资。但秦始皇要想获得这些，根本不需要通过对商人

的极端恩宠来实现，因为此举是与国家大政方针相违背的。秦始皇作为一个杰出并拥有无上权力的政治家，不太可能轻易犯这样的错误。

巴寡妇必定有着特殊的身份。

曾有专家注意到，丹砂与水银其实就是"不死之药"。丹砂的主要产地恰在川东南一带，峡江的巫山又是上古神话中的神山——灵山，是中国巫文化的发祥地。

而巴清，就是在这里经营着当时全国最大的丹砂生意！

巴清与巫山的"不死之药"之间是否有着密切的关系呢？

在进行了一系列大胆的猜测之后，结论就是：也许，巴清就是一个继承了峡江巫术的智者。这个猜测，当时也获得了一些学者的支持。

《山海经·大荒西经》关于"灵山"和"十巫"曾记载："有灵山，巫咸、巫即、巫盼、巫彭、巫姑、巫真、巫礼、巫抵、巫谢、巫罗十巫从此升降，百药所在。"这个"百药所在"的药，是什么呢？其实从晋代开始就有了"天帝神仙长生药皆生自巫山"的结论。

西晋的文学家郭璞说，"天帝神仙药"和"不死之药"，就是丹砂。

巴文化研究会副会长管维良教授说过，上古的"灵、巫"二字相同相通。灵山就是今天的巫山、巫溪一带，这在学术上几成定论。

专家们还发现，三峡地区以"丹"命名的地方很多，至今仍有丹山、丹穴、丹阳、丹水等。专家认为，古籍中的巫山，应该是指大宁河沿岸诸山和大巴山南麓的巫溪、巫山等范围以内的"大巫山"概念。这一带的矿藏资源正是丹砂和盐。

古人通常会在人死后往墓中撒入红色的丹砂，因为他们认为红色可以通神升天，这也早已被考古发现证实。丹砂用火烧能转变成水银，水银掺入丹砂，又能还原为丹砂。在古人看来，丹砂这种神秘转化生生不息的特性，定能制成长生不老的仙药。

现在让我们想想，巴清生活在一个巫师聚集的地方，巫师的巫术离不开丹砂，而她又是被看作"不死之药"的丹砂的头号掌控者，她会不会也是一个懂得神仙巫术的女巫？她会是第二个"巫山神女"吗？

从巴清的所在地和从事的"丹砂"行业看，显然不能排除巴清是远古巫师传人的可能。而更关键的是，巴清的家族，数代控制着丰富的丹砂资源。我们可以想象一下，什么人可以成为峡江地区至高无上的巫师？答案只能是：拥有最多"不死之药"的人。而巴清正是这样一个人。她的家族数代控制丹砂产业，她很可能就是一个著名的巴巫家族的传人！而且，她应当是峡江地区巫师群体中最具权威的巫师。

但仅仅拥有巫师的身份，巴寡妇就能享有超乎寻常的特权吗？问题并没有这么简单。

石质甲胄与百戏俑陪葬坑

秦始皇的伟大陵园不但纵贯地上地下，而且扩展到方圆 60 平方公里的范围内，数以百计的陪葬坑散布其间。自从兵马俑 1 号坑被发现以来，已经发现了 181 座大小、内容、形制各异的陪葬坑，其中 77 座在陵园墙内，104 座散布墙外。如此众多的陪葬坑也是自秦始皇才开始出现。而且在文物出土之前，谁都无法预料这位天才帝王在他的陵区里埋藏了些什么。

最小的陪葬坑面积仅二三平方米，而最大的兵马俑 1 号坑广达14000 多平方米，1996 年发现的 K9801 陪葬坑，面积之大竟然不亚于 1号兵马俑坑。更令人不可思议的是坑中埋藏着大量由青铜丝编缀的石质盔甲，已经发现的有石铠甲 150 领、石胄 50 顶和马甲 1 副。石质甲胄从前根本闻所未闻。

仔细揣摩这些石铠甲，发现它们虽然做工精细，尺寸也适合真人穿戴，但青石的质地太脆，而且重达20公斤，所以这些盔甲和兵马俑一样，只是模仿战国时期流行的皮甲和铁甲来作为随葬品。秦始皇的地下王国既然有军阵兵营，也应该有武器库。

形制相近的石铠甲使得兵马俑身上泥塑的铠甲顿时变得真实起来，而石胄的面世也改变了自古以来人们对秦军装备的认识。因为史书里讲秦军作战勇猛，重进攻而轻防御，因而不戴头盔；出土的兵马俑也确实没有带头盔，所以"秦军无胄"几乎成了定论。而石胄的发现不但证明了头盔是秦军常规装备，而且样式新颖，只露出鼻眼之间的一小块空间，对头部的防护十分周全。那幅马甲也是绝无仅有，此前不论兵马俑坑和铜车马坑的马俑身上，还是殉葬的所有真马尸体身上，都没有发现过马甲的痕迹。

然而，当你真正了解了石铠甲的制作过程，却不免辛酸。制作石铠甲的原始工艺模拟实验表明，一领600片的石铠甲几乎全是手工制作，按每天工作8小时算，需要一个人做444天，即使效率提高一倍，也需要220天，这还不包括石料的选材、开片、运输和铜丝加工等前期工作。后来在秦陵附近的一处秦井中，发现了这些石甲的材料、工具和半成品，石质甲胄的加工厂应该就在附近。然而所有痕迹中都没有找到始皇帝能够让他的子民们省力一些的办法。

在秦始皇的地下世界里，国家机器几乎一应俱全，数年之前，人们

对秦陵的印象还是如此森严，在 K9901 坑发掘之后，这位千古一帝的闲情逸致开始显现出来。

就在东侧内外宫墙之间，石铠甲坑南边不远，一件口径 71 公分、重 212 公斤的青铜大鼎展示了始皇帝娱乐生活的一面。这只"秦陵第一鼎"是秦文化中目前所见体量最大的一件铜鼎，但它却被置于中部过洞的棚木之上，距坑底尚有 2 米多，鼎本身的年代虽然早于陪葬坑，但它却在坑封顶之后才来到此间。根据地层关系判断，这件大鼎与此座陪葬坑没有直接联系，它的来历可能是这样的：封土北侧的地面上，曾有一座专用于祭祀始皇帝亡灵的"寝殿"，那里曾出土过直径 63 厘米的巨型夔纹瓦当。在寝殿之中，每年每月甚至每日四时都要举行隆重的祭祀仪式，这件大鼎当年很可能就摆放在殿内。因为战事突发，于是这类宗庙重器被匆忙搬匿于南边刚刚建成的陪葬坑中，本想在危机过后再将它重新安放，谁知知情者已如黄鹤西去，"秦陵第一鼎"就此沉寂了两千年。

上世纪末神器终于再现，它的藏身之所却与社稷宗庙毫不相干。同一坑中还出土了 11 件真人大小的半裸陶俑。这些家伙与所有那些一本正经的军民吏从俑都截然不同，个个赤膊跣足，穿着短裙，虽然有许多肢首残缺，但仍看得出他们体态匀称劲健，有几个还属超级壮硕者。而且他们都是手舞足蹈的，不知在干什么。他们在秦陵中扮演着什么角色？一连几天我都苦思冥想。最后我在记录市井生活的汉代画像砖石上找到

了答案："百戏"！这一念头闪出之前，谁会相信秦陵陪葬坑中会有如此活泼的内容。

其实，这些莫名其妙的动作正是在展示战国时各国流行的顶杆、举重、杂耍、曲艺等娱乐项目。在百戏俑坑中，庄重威严的秦始皇终于露出一丝笑容。而他的地下王国也在一派萧杀之气中，展现出了些许人间烟火的气息。

帝王的文娱生活，终究不同于民间。位于外墙东北约1公里处，发现了皇家的一个地下游乐园——K0007陪葬坑，坑然有真人大小陶俑15尊，它们头戴布帻，身着厚实的冬装，看起来不像上层权贵。这些人的动作同样令人费解，有人根据周围的环境猜测举手的陶俑在插鱼、伸腿而坐的是在划船。

除此以外，在秦始皇的地下王国里还埋藏着惨不忍睹的人间悲剧。兵马俑坑新发现的陶窑遗址边，又发现了埋葬修陵人的"刑徒墓地"。在76平方米的窑场内清理出121具骨架，他们都是为秦始皇修陵的劳工。这些人年龄在15~45岁，其中绝大多数为20~25岁的男性青年。他们的骨骼粗壮发达，但一件件铁钳刑具让他们为了一个人的梦想而筋疲力尽，最终骨埋他乡。

尽管生前叱咤风云的秦始皇死后还占有一座举世无双的陵墓，但是他的灵魂在此过得是否如他所愿，恐怕永远没有人能够知道。

秦始皇陵地宫为什么不能挖

神秘的秦始皇陵地宫，一直倍受关注。曾经有人为秦陵地宫算过一笔经济账："如果打开秦始皇陵，每年仅门票收入就可达 25 亿元人民币。"之后，又引发了一场"是否要尽快发掘秦陵地宫"的大讨论，支持发掘秦陵地宫的理由有如下种种。

第一种说法，认为秦陵如果不加发掘，只是黄土一堆，白白浪费了优质的旅游资源。要打开才有价值，才能对社会做出贡献。如果永远不打开，等于没有价值。

第二种说法，认为发掘秦陵可以吸引世界的目光，并可以激发起国民对中华文化的热情与关注，同时还可以吸引世界优秀的专家和科研机构献计献策，有利于向全世界弘扬中华文化，能极大地培养中国人民对自身文化的热情和民族自豪感。

第三种说法，司马迁的《史记》对秦陵地宫有所记载，打开地宫，

便可以证实《史记》记载的可信度和准确性。

第四种说法，认为秦陵如果不及早发掘，一旦地宫浸水地宫里的文物只会逐渐腐烂，同时还有其他未知因素的存在，让其一直深埋地下又何谈保护？唯有发掘，才能有效保护。

第五种说法，认为阶段性地渐进式发掘秦陵，可以随时发现问题，随时研究所需要的保护技术，做到"有的放矢"。

第六种说法，认为外国有发掘帝陵的成功典范，他们的经验值得借鉴，既弘扬了文明，又吸引了大量的旅游者，获得了可观的经济效益，文物保护和开发利用相得益彰。

第七种说法，认为始皇陵是一座充满了神奇色彩的地下"王国"。千百年来引发了无数文人墨客的猜测与遐想。如今民众也有着十分强烈的动机和愿望，所以不能不考虑这一民意。

面对以上种种议论，考古界人士给出结论秦始皇陵墓是不是打开，以及什么时候打开，不是由经济学家，或是部分民众的意愿所决定的。考古发掘工作毕竟是一个专业性很强的复杂的工程。

秦陵考古队队长段清波研究员说："在当前的环境下，没有任何理由可以构成发掘秦始皇陵墓的借口。以发掘帝王陵墓为切入点，以文物带动旅游促进当地经济发展的观点，是一种幻想，是一种杀鸡取卵的做法。我此生也许看不到地宫的秘密，但仍愿把一生献给秦始皇

陵的考古事业！"

段清波也称，除了技术问题外，还必须考虑社会心态问题。目前国内的考古技术还不成熟，谁都无法保证能让出土的文物万无一失。我们如果不尊重客观规律，只为满足自己的好奇心去发掘始皇陵墓，那么，后人非但不会赞扬我们的聪明睿智，反而可能会痛责我们因急功近利而导致后患无穷的愚蠢之举。

事实上，国外对于帝陵也是多加保护的。复旦大学文物与博物馆学系陈淳教授说："如今几乎没有一个国家主动开掘帝陵。"他指出，对现在打开秦始皇陵考古界均持反对态度，因为发掘后，从技术上来说，不能保证能保护好这些文物。特别是壁画、陶器、纸质、绢质、丝质等文物的保护现在还是难题。

技术有限，开掘即为破坏。秦始皇陵兵马俑在刚发掘出来时，表面有艳丽陶彩，现在已经逐渐黯淡，甚至变黑；长沙的马王堆汉墓发掘中，千年鲜桃转眼化成一摊水。因此，"尽量不主动发掘"的理念在 20 世纪中后期成为考古界的国际共识。

文物作为人类文明的载体，是不可再生的，它是属于全人类的共同财富，一旦损坏，将永远消失。而文物保护的难度相当大，诸如壁画、彩绘、简牍、织物等有机质文物的保护，已成为世界性的难题。很多保护技术虽然当时效果很好，但随着时间的推移，很可能会有长久的负面影响。其实，开挖的同时就意味着历史传奇魅力的消失。如果乾陵里什么都没有，像那个在亿万世人面前打开的空荡荡的金字塔一样，它的魅力便会从此消失。

中国文物考古学界曾有过惨痛的教训！20世纪50年代中期，有专家私下里心存渴望：研究了这么多年，有生之年能看看"真相"多好！在老一辈历史学家郭沫若、吴晗等人的坚持下，明万历皇帝的定陵地宫被打开了。但这次鲁莽行动的后果，被一直持反对态度的著名考古学家夏鼐先生不幸言中：色彩鲜艳的丝绸类织物在接触空气的瞬间化为灰烬，大量有机质文物遭到毁灭性破坏，连万历皇帝的尸骨，后来也遭到焚毁。

20世纪90年代，在借鉴国内外文物保护先进经验和理念后，中国政府提出了"保护为主，抢救第一"的文物工作方针，为今后的文物保护和考古发掘确定了基本方向。因此，对是否发掘秦始皇陵地宫，国家文物主管部门及文物考古界的专家学者，都旗帜鲜明地表达了反对的意见。

国家文物局文物保护司副司长宋新潮："把它们留在没有开掘过的墓葬里更好，墓内稳定的状态更适合文物长时间保存，至少目前的技术能力和人工环境远远不行！"

中国社会科学院考古研究所所长刘庆柱："发掘秦始皇陵必须具

备这么几个条件：其一，秦始皇陵是中国历史上最大的帝王陵墓，是我们的，也是我们子孙的，对它的发掘必须要具备好的条件；其二，文物是不可再生的，特别是像秦始皇陵这样极其重要的文物，保护条件不好，损失就会很大，也就是说，必须有万无一失的保护条件；其三，国际上，对一切考古发掘都有着严格的要求，对古遗址都是不主动去发掘。正因为如此，在短期或在一个相当长的时间内，是不会主动对秦始皇陵进行发掘的。"

在文物考古工作者和社会各界的积极努力下，陕西省政府正通过立法等程序对秦始皇陵进行保护。将秦始皇陵区划分为重点保护区和建设控制地带，对可能影响文物安全、环境景观的各种行为做出了严格的限制和规范。

秦始皇后宫之谜：消失不见的后宫

　　秦始皇是中国历史上第一位皇帝，但是，中国历史上第一位皇后，却在史书上渺无踪影，这不是非常令人奇怪吗？这桩奇怪的事情，不仅牵连到秦始皇的长子扶苏、幼子胡亥和他们的兄弟姐妹，更牵连到他们的母亲们，那些曾经在秦始皇身边生活过、后来又完全失去了消息的所有后宫……

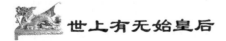 世上有无始皇后

　　秦始皇的一生，迷雾重重。重重迷雾当中，隐藏得最深的疑案之一，就是他的后宫。中国历代皇帝的后宫都有记载，特别是皇后，作为母仪

天下的第一夫人，制度上规定，是必须树碑列传的。秦始皇是中国历史上第一位皇帝，她的皇后，也就是始皇后是谁，史书上却完全没有记载，两千年来没有人知道，这就不能不说是有点奇怪了。

更奇怪的是，除了始皇后以外，有关秦始皇所有后宫的消息，在史书中也几乎都没有记载，两千年来也没有人知道。这就不仅仅是奇怪的事情，而是一桩非正常的历史之谜了，对于历史侦探来说，这也就成为一桩有待破解的历史疑案了。

查得越深，疑虑越深。面对疑虑，当事实不清、真相不明的时候，猜测遐想便随之而来。

有人猜测，秦始皇也许没有立皇后，原因是后宫太多，看花了眼，定不下来。但是秦与历代一样，后宫自有制度，立后是为了王位继承的秩序，也是为了后宫的秩序，与是否花了眼有何关系，这个说法显然是不成立的。

也有人猜测，秦始皇一直追求长生不老，这种执迷延迟了他立后的进程。但是，据史料记载，秦始皇信方士追求长生不老，都是近晚年的事情，按照秦国的传统和制度，秦始皇正式立后当在亲政后不久，应该是在 20 多岁的青壮年，不可能到四五十岁。这种猜想也说不通。

还有人猜测，秦始皇的母亲私生活不检点，生有两位私生子。这件事对秦始皇影响甚大，他驱逐母亲出京，由怨恨母亲发展到仇恨女人，成为一种心理障碍，使他迟迟未能立后。不错，秦始皇的母亲确实不检点，秦始皇也确实怨恨过他的母亲，并将她驱逐出京。不过，嫪毐的事情，直接关系到他的母亲与养祖母华阳太后间的政治斗争，当他听了策士的劝告后，出于稳定政权和安定继承关系的考虑，迅速迎回母亲，恢复了与太后的正常母子关系。秦始皇是第一流的政治人物，他的为人行事，首先是从政治的角度考虑的。

所以，在太后的私生活与秦始皇立不立后之间，实在是找不出可信的联系。这种猜想，也难以说通。

所以我们说，上述的这些猜想，并不能找到具体的史实证明，做出有理有据的破解。那么，破解的门道在哪里呢？

历史疑案的破解，需要找到能够作为线索的史料。我将史书中所有关于秦始皇后宫的史料都筛选了一遍，结果只找到一条，现在提供给大家。这条史料见于《史记·秦始皇本纪》秦始皇三十七年条：

"九月，葬始皇帝骊山。二世曰：'先帝后宫非有子者，出焉不宜。'皆令从死，死者甚众。"

这条史料非常重要，必须做一个详细的解释。秦始皇三十七年，即公元前210年，这一年七月，秦始皇在第五次巡游天下的旅途中生了病。车驾抵达沙丘宫平台（今河北广宗西北大平台）时，秦始皇病情急遽恶化，突然不治身亡，享年50岁。九月，二世新政府在咸阳举行盛大的

葬礼，将秦始皇安葬于骊山，就是现在的秦始皇陵。在安葬秦始皇的时候，二世皇帝下了这道处置秦始皇后宫的命令："先帝的后宫当中没有子女的人，不宜外放出宫。"于是将她们全部殉葬从死，死者的数量相当多。

那么，从这条史料当中，我们可以获取到有关秦始皇后宫的哪些信息呢？

一、秦始皇后宫的数量不少，但具体数量不详。不过，秦的后宫，自有严格的制度。根据继承了秦国制度的汉朝初年的情况来看，秦始皇应有正夫人一人，称号为皇后。侧室多人，都称夫人。夫人们的称号有美人、良人、八子（比如秦始皇的高祖母宣太后，她是惠文王的侧室，称夫人，正式的称号是八子）、七子、长使、少使等，她们地位的高低，比照政府官员的秩禄，也都有规定。所以我们可以说，真正有名分，可以被称为秦始皇后宫的人，最多十来人左右。世上盛传秦始皇的后宫在列女在万人以上，都是后世的传闻和文学的夸张。

二、这些数量有限的后宫们，分成了两大类，一类是生有子女的，另一类是没有生子女的。

三、凡是没有子女的后宫，都按照二世皇帝的命令殉葬，被埋在临潼的秦始皇陵里面了。

四、凡是有子女的后宫，免于殉死，在秦始皇死后，与他们的子女

一道，还继续活在世上。

据我所知，上面这条史料是史书中有关秦始皇后宫的唯一的一条史料，我们从中能够读取的信息大概也就是以上四点了。情况介绍到这里，我想问大家一个问题："现在，我们知道秦始皇的后宫有些什么人，我们知道秦始皇的皇后是谁了吗？"

迎娶楚夫人的由来

我们知道，秦始皇有近二十位子女，长子扶苏，幼子胡亥，中间知道姓名的还有公子将闾和公子高。然而，这二十多位子女的母亲是谁，史书上没有留下任何记载。近年以来，始皇陵的发掘调查有了很大进展，可是仍然没有有关秦始皇后宫的任何消息。去年，我得知秦始皇的祖母夏太后的墓葬被发掘。今年三月，我又来到西安，希望能由夏太后墓开始，破解秦始皇的后宫之谜。

证据是说了话的史料，史料又是重构史实的原始依据。对于没有直接证据的史实疑案，我们不妨寻找可以作为间接证据的史料，然后根据间接的证据，作合理的推测，求得一种近似的解答。近似的解胜于无解，也可以成为再求新解的基础。所以，我决定从秦始皇身边的一位神秘人物——楚国公子昌平君的身世入手，一点一点接近谁是秦始皇的皇后这桩疑案的真相。

昌平君是秦始皇的曾祖父秦昭王的外孙，秦始皇的祖父安国君（孝文王）的外甥，秦始皇的父亲庄襄王子异的表兄弟，秦始皇嬴政的表叔，以后宫关系而论，他属于宣太后以来一直掌控秦国政权的楚系外戚集团。因为昌平君与秦始皇室的这种关系，他在战国末年历史上神出鬼没的形象，他在秦楚两国政权中枢的巨大能量和影响力，也便不难理解了，接下来，谁是秦始皇嬴政王后的历史之谜，也就有了可以深入追踪的线索。

如前所述，藤田胜久先生推测扶苏的母亲是楚夫人，我深表赞同。藤田先生进而推测联结楚夫人、扶苏和项燕的关键人物是昌平君，我大受启发。嫪毐之乱中，楚国公子昌平君为何身在秦国，受命领军平叛？藤田先生的推测是，恰在这个时候，秦始皇嬴政迎娶楚夫人，昌平君由楚国护送楚夫人来秦，故有紧急受命平叛之事，也是一种可能的解释。

秦始皇嬴政于何时立后，史无记载。以嬴政的曾曾祖父秦惠王为例，惠王19岁即位，22岁行冠礼成人，23岁迎娶魏夫人立为王后。惠王所行之冠礼婚礼，当为秦始皇室的成例。秦始皇政九年，嬴政22岁，行冠礼，正是沿用王室成例。因此，嬴政迎娶楚夫人立为王后成大婚，当在嬴政23岁时，也就是秦始皇政十年。昌平君在秦始皇政九年已经在秦，当与护送楚夫人到秦无关。

以秦国成例来看，秦始皇之婚姻，多由太后决定。太后为子王选定的王后，往往是自己的出身国娘家。秦武王的母亲惠文后是魏国夫人，

她为武王迎娶的是魏国夫人；秦昭王的母亲宣太后是楚国夫人，她为秦昭王迎娶的夫人是楚国夫人。孝文王（安国君）的母亲是唐八子，出身不明。不过，安国君入继大统，是补嫡长兄王太子突然死亡的缺。当时，宣太后尚在，安国君能够成为太子，华阳夫人之所以成为他的正妻，应当都是出于以宣太后为首的楚系外戚集团的意愿。

安国君与华阳夫人无子，过继秦始皇的父亲子异为养子以继承王位。子异认华阳夫人为养母时，已经在赵国首都邯郸娶赵姬为妻生下了嬴政，这些都是要得到华阳夫人认可的。子异即位以后，华阳夫人被尊为太后，成为宣太后以来一直掌控秦国政权的楚系外戚集团的核心。

嬴政 13 岁即位，委政于太后和大臣。当时的太后，一共三位，嬴政的养祖母华阳太后，亲祖母夏太后和生母帝太后。三位太后中，真正能影响政局的是华阳太后。在华阳太后身边，则是势力庞大的楚系外戚集团，昌平君和昌文君应当都是这个集团的重要成员。根据考察，昌平君和昌文君生于秦，长于秦，是在秦国政权中枢长期掌握大权的王亲大臣。秦始皇嬴政尚未亲政时，在太后们的摄理下，受委托代行国政的大臣们，除了相国吕不韦外，尚有昌平君和昌文君。吕不韦后来被罢免相国，昌平君就正式作了秦始皇嬴政的丞相。昌平君的姓名，应当叫作熊启，就是 1982 年在天津的破铜烂铁中发现的铜戈"十七年丞相启状戈"上所铭刻的丞相启。

　　嫪毐之乱爆发时，夏太后已经过世。嫪毐之乱失败后，嫪毐及同谋者皆被诛杀流放，帝太后也被逐出咸阳，迁徙到雍城，对于秦国政局和秦始皇嬴政完全失去影响。在这个时候，能够决定嬴政婚姻的人，只有华阳太后了。华阳太后是楚系的夫人，他为孙子嬴政所选定的王后，应当是楚夫人了。据此，我们可以推测出"秦始皇政十年，迎楚夫人。"

秦始皇为什么不立皇后

中国古代封建帝王均立后。立后制与储君制是后宫制度乃至君主政治的重要组成部分。战国时期的秦国在秦孝公以后，立后与立太子之事便已制度化，各种国家制度也日臻完善，秦始皇统一中国后更全面建立了各种制度，并明确规定皇帝的正妻为皇后，皇帝的母亲为皇太后。但是秦始皇自己却终生没有立皇后，他也是立后制形成以来惟一没有立皇后的皇帝，以至秦始皇陵园内一墓独尊而没有皇后墓，这也成为一个难解的历史之谜。

秦始皇13岁即位到22岁亲政，中间有九年的太平天子时间，也正是古代男子要娶妻的时间。即位三年便有资格立后，但前后九年秦始皇仍未立后。22岁到39岁的17年是他自己掌权、统一六国的时间，即便国事繁忙，在后方立后也不费事。从39岁到50岁时，秦始皇大多数时都在巡游，但是立后也占用不了多少时间。秦朝虽短，但秦始皇有充足的时间立皇后，可是他却没有这样做，实际上是他自己不愿意，更非其母亲不操心，也非大臣不尽职。

秦始皇在长达37年的统治时期一直没有立后，其中的原因应该是多方面的，但史料中并未记载，我们今天也只能够凭借当时的点滴资料和想像进行猜测了。归结起来，大概有四方面的原因，促使秦始皇不立皇后。

第一，最有可能也是对其影响最大的，可能是其母的行为给他带来的巨大心理创伤和心理扭曲。史载，秦始皇的母亲赵姬先是做投机商人吕不韦的小妾，后又被吕不韦献给秦国的王孙子楚，子楚继位后称庄襄王，庄襄王死后，身为太后的她仍经常与吕不韦重温旧情。后来她又与缪彼醉并生下两个儿子。母亲的失检行为很可能令秦始皇恼羞成怒，无地自容，性格变得极为复杂：内向、多疑、妄想、专制、暴虐、冷酷无情，把他变成了一个失去理性的暴君。

因母亲造成的心理上的阴影一直伴随着秦始皇，而且由对母亲的怨愤，发展和泛化成对所有女人的仇视，造成他后来在婚姻上的偏执。由此推测，尽管他的后宫里充斥着六国佳丽，但他只是把她们当作发泄仇恨的对象，或者满足生理需要的工具。用今天的话来讲，秦始皇已经陷入病态。所以说，由母亲的行为而造成的心理伤害和心理扭曲，很可能是秦始皇一直不立皇后的重要因素。

第二，秦始皇是第一个将中国基本统一的帝王，其历史功绩自不必说了，秦始皇当时也很自命不凡，自认功德超过了古代的圣贤——三皇五帝，对皇后的要求自然也就非常高了，高到连自己也说不清楚，于是左看右看，后宫佳丽中竟没有一个人能符合他的标准，所以，一直不曾立后。

第三，由于出身及受到周围环境的影响，秦始皇从小形成了刻薄、多疑的性格。一方面心气极高，连年征战，横扫六国，抚定四方，建立起一个统一的大帝国；另一方面他可能担心立了皇后会对他有所羁绊，妨碍他实现远大的理想。试想一个因对家庭不满而将全部精力都转移到政治理想上的人，理想对他来讲意味着什么，而为了实现理想，他很可能会牺牲一些个人俗念。

第四，众所周知，秦始皇追求长生不老，对方术、炼丹术等情有独钟，甚至想自己入海尝试求仙。这种对长生不老梦想的浓厚兴趣和孜孜追求，在一定程度上也抑制了对其他事情的兴趣，也许立后就是其中之一。

以上这些推测也许可以帮助我们理解秦始皇不立皇后的真实缘由。

 秦始皇生命中的两个女人

赵姬，秦庄襄王子楚的夫人，秦始皇嬴政的母亲。赵姬是赵国歌妓，有倾国倾城之貌，能歌善舞。赵姬当年被商人吕不韦花重金购得，秦国公子异人倾慕其美貌，便向吕不韦索取。吕不韦将其送与异人。异人靠吕不韦相助认当宠的华阳夫人为母，改名为子楚。子楚后来继位，即秦庄襄王。

子楚即位三年便过世。据史书记载，赵姬淫荡无耻，她贵为太后，不但与相国吕不韦私通，还在后宫豢养男宠。吕不韦以万贯家私押注秦国异人，是一笔倾家荡产的风险投资，而赵姬就是这盘赌注的一个棋子。她的作用在于监视异人的一言一行，让异人时刻听从吕不韦的摆布。以吕不韦的睿智，他会让一颗棋子毁了他的满盘赌注吗？

秦始皇统治残暴，并不排除后人因此向他泼脏水。中国人最看重的就是血缘，侮辱一个人最狠毒的莫过于攻击他的血统。

嬴政有尊贵的秦国王室血统，而母亲赵姬不但地位卑贱，且全无品德；不但品德不高，还脑袋空空；偷偷地在后宫豢养男宠也就罢了，还为男宠嫪毐生孩子，生了一个不够，还生了两个。赵姬放纵嫪毐的无法无天，最后嫪毐倚仗她的势力公然造反，野心大到想取秦始皇而代之。叛乱虽然很快被镇压，但秦始皇的家庭丑闻却尽人皆知。到最后世人开始质疑秦始皇君王血统。秦始皇有这样的母亲真是莫大的悲哀！

赵姬的行为直接影响了秦始皇对女人的态度。秦始皇终其一生，拥有美女无数，却没有一人有确切的记载见诸史料。甚至秦始皇的皇后是谁？有没有立皇后？他宠爱过什么女人？都成了历史的空白。

秦始皇嬴政性格残暴，很可能是拜那个有貌无德的母亲所赐。有这样的母亲，再有雄才伟略，内心也是自卑的。

秦始皇与女人有关的记载只有一处，《史记·货殖列传》记载：巴地的寡妇清，她的祖先得到丹砂矿，独揽其利益好几代，家产不可计量。清是一位寡妇，能够守住先人的家业，用钱财自卫，不被他人侵犯。秦始皇把她尊为贞妇，用宾客之礼来接待她，为她修筑了女怀清台。

清出生于秦惠文王时期，原籍巴蜀。《史记》《地舆志》《舆地纪胜》《州府志》等史书中都有关于她事迹的粗略记载。

清虽出身寒微，但少年时跟父亲学习诗书，因为相貌与气质出众，嫁给了一位青年才俊。可是命运多舛，不久夫君便撒手人寰，只留清一人。

一般的寡妇也许就只是守着家宅罢了，可是清却不是寻常女子。夫君家因擅丹穴之术而生财，清继续将此项经营下去，自她掌管家业之后，竟发展至"僮仆千人"。丹穴之术，便是丹药炼制之术。古人企求长生不老，迷信丹药。

因为嬴政将晚年的清接进宫并封为"贞妇"一号，在清死后建"怀清台"进行缅怀，于是后世便有不少杜撰秦始皇嬴政和清关系的各种说法。

据史书而知，清将大部分家产捐献给秦始皇嬴政修筑长城，并为秦始皇嬴政修建骊山陵墓提供大量水银。清为人豁达，常接济乡里，在当地威望极高，加之长寿，乡人都很敬畏她。清死后，嬴政根据清的遗愿，灵柩送回家乡安葬，并亲手题写"怀清台"。

后人对秦始皇与巴人清的关系有过种种猜测，有人甚至认为她是秦始皇的情人。从司马迁的记载中，我们可以看出秦始皇很尊敬清。这种尊敬甚至有点不合常理，比如准许她拥有私人武装以自卫，要知道秦统一六国后，为防止六国起来反抗，已经把天下的武器收归咸阳，不允许民间拥有私人武装，而清却拥有这项特权；用宾客之礼接见她，在先秦的资料记载中，还没有一位女性享有这样的殊荣；清死后，秦始皇为她建怀清台，直接表达对她的哀思。

一个寡妇何以得到秦始皇如此厚爱？我们相信清绝不是仅靠美貌和风情之类的东西，因为秦始皇的后宫不缺这些。所以，极可能是秦始皇内心的恋母情结牵引出来的情愫。秦始皇在母亲赵姬身上没有感受到无私宽容的母爱，而这些优秀的品质清却具备，于是他便把她当做理想中的母亲一般来敬重。

这两个女人，便是史料记载中，唯一有迹可寻的与秦始皇有关的两个女人。

下 篇

千秋万世的政治奇案

　　家喻户晓的秦始皇,因完成统一大业而名垂千古,正式登基之后,便开始了他一生轰轰烈烈的政治生涯。然而,在这之中,朝廷宦官赵高等制造了政治阴谋。这个短命的王朝给后人留下了太多的谜团。

焚书坑儒事件：蓄谋已久的政治阴谋

两千多年以来，历史学家们对秦始皇"焚书坑儒"的谴责之声不断。焚书坑儒作为秦始皇的一大暴政似乎已成铁案。对于这桩所谓的铁案，笔者以为尚有辨别章明的必要；而辨别章明的目的，不在于翻案，只在于求真务实，因为求真务实是史学安身立命的基础。

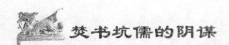 焚书坑儒的阴谋

中国的春秋战国时期社会逐渐步入青铜时代，中国的社会生产力得到了较大的发展，一些平民百姓逐渐从体力劳动中解放出来。他们面对

纷乱的社会状况，希望通过思索和总结前人的治世理念从而寻找到一条可以使社会安定，百姓不再流离失所的救世之路。于是产生了诸多的学派学说，并撰写出无数著作，史称诸子百家。

公元前221年，中国历史上第一个大一统的中央集权王朝——秦朝建立。由于当时社会上百家争鸣，严重地阻碍了秦始皇对征服的原六国民众思想的统一，并威胁到了秦朝的统治。

秦始皇三十四年（公元前213年），朝廷的一位高官淳于越反对当时的"郡县制"，要求根据古制，分封子弟。丞相李斯加以驳斥，并主张禁止"儒生"以古非今，以私学诽谤朝政。秦始皇采纳李斯的建议，下令焚烧《秦记》以外的列国史记，对私藏的《诗》《书》等也限期交出并烧毁；有敢谈论《诗》《书》者一律处死，称赞过去而议论现在政策者灭族；禁止私学，想学法令的人要以官吏为师。这种种措施引起众多读书人的不满。第二年，许多方士（修炼功法炼丹的人）、儒生攻击秦始皇。秦始皇派人调查，将460多名方士和儒生挖大坑活埋。历史上称此事件为"焚书坑儒"。

秦始皇这样做的原因不外乎一个，即秦始皇吞并六国后，需要全国一个声音以维护国家的统一。

这与汉以后的"罢黜百家，独尊儒术"其实是一个道理，都是大革"文化之命"。只不过一个是硬暴力、一个是软暴力罢了。

所谓的"焚书坑儒",据考证,在史记上记载的只是"焚《诗》《书》,坑术士",后在伪《古文尚书》（宋时开始有怀疑,至清时方确定为伪书）的序中被误传为"焚书坑儒"。

"焚《诗》《书》,坑术士"是两件事。

先是"焚《诗》《书》"。其背景是当时秦奉行的是法家的治国理念,而当时国家刚刚被统一,春秋战国时形成的各种学说依然百家争鸣,时常非议朝政。其直接的导火线则是主张"复古、师古"的儒家学者大谈"事不师古而能长久者,非所闻也",这种说法引起法家不满,认为"今诸生不师今而学古,以非当世,惑乱黔首"。秦始皇认可法家说法,于是下令焚烧《秦记》以外的列国史记以及私藏的《诗经》《尚书》。

"坑术士"是第二年的事了。当时秦始皇为了长生不老,养了很多术士,并给予极高的待遇。可谎言会被揭穿,眼看就到了交"仙丹"的时候了,带头的几个术士先行逃跑,可他们临跑前得出一个"因为秦始皇暴戾无德,所以才炼不出仙丹"的结论！因此秦始皇暴怒,下令彻查,看看都是谁在谤毁他的名声,最后将牵连到的460多个术士（其中可能也有不满秦始皇"焚《诗》《书》"的儒生）全部坑杀！即为所谓的"坑儒"。需要注意的是,《史记》记载秦始皇坑杀的乃是术士。

　　除了坑杀在咸阳的 460 余人外，同时还谪迁了一批人至北方边地。

　　事情发生后，始皇长子扶苏进谏道："天下初定，远方黔首未集，诸生皆诵法孔子，今上皆重法绳之，臣恐天下不安，唯上察之。"始皇不仅怒而不听，还使扶苏离开咸阳。

钳制思想的特殊手段

　　"焚书坑儒"的做法，虽然是为了加强思想控制，并在短时间内取得成功，但不利于国家长治久安和社会发展，钳制了当时人们的思想，并且手法残忍。

　　荀子学派、法家学派与孔孟正统派儒学的斗争，集中表现在中央集权（地主政治）与分封诸侯（领主政治）的争论上，终于爆发了焚书坑儒的大破裂。"焚书坑儒"的野蛮行为，反映出当时统治阶级内部斗争的极端尖锐。李斯主张中央集权，是适合时宜的，他所代表的儒家荀子学派（与韩非派法家合流）却是一种极端压制人民的政治思想；王绾、淳于越主张分封诸侯，是违反时宜的，他们所代表的儒家孔孟正统派（包括阴阳家与神仙家）却是讲仁义的政治思想。政治上学派上的斗争一直发展到大屠杀，把孟子学派的儒生大体杀尽（东汉赵岐说），李斯算是取得了胜利。但是，焚书坑儒，根本不能消灭学派上的分歧，反而促成了秦朝的灭亡。秦始皇实行李斯的主张，皇位的继承人长子扶苏，替孔孟派儒生说话，秦始皇发怒，让扶苏到上郡（在陕西绥德县）监蒙恬军。秦失去颇得民心的扶苏与拥有威望的大将蒙恬、丞相李斯，最终病死在出巡的路上，致使政权落在胡亥、赵高手中。胡亥厉行督责，昏暴无比，是完全的独夫，秦国崩溃的条件全部成熟了。

秦始皇的极端做法，导致的是秦始皇朝仅持续了 15 年。晚唐诗人章碣在其《焚书坑》一诗中写道："坑灰未冷山东乱，刘项原来不读书。"

"焚书坑儒"一直是秦始皇残酷暴戾的证据，被后世人唾骂了两千多年，以至于现在一些人一想到这个历史事件，仍然耿耿于怀。这种仇恨实际上是后来的文人们潜意识的集体恐惧，是一代代传承下来的。从感情上来说，秦始皇焚书坑儒的手段的确过于激烈，对当时的儒生们的确是太过残酷，他完全可以采取更缓和的一些方法。不过评价一个历史事件，最好从该事件产生的后果来评价，而不要采用道德或者感情的标准。那么焚书坑儒的历史效果是什么呢？我认为通过这件事情之后，造就了中华民族大一统的历史格局。

先来看看"焚书坑儒"的实质，"焚书坑儒"的实质其实是统一思想的运动。秦始皇统一六国之后，在政治结构上，废除了分封制，在全国范围内施行郡县制；在文化上，统一了文字，以小篆为标准的官用文字；在经济领域内，统一货币，统一度量衡。这些措施都是国家大一统

的基本要素。但有些东西却是国家强力结构很难驾驭的，特别是在秦朝初年，战国时期刚结束，百家争鸣，思想领域极度混乱，而一个国家能在多大程度上统一，最主要的条件是能在多大程度上形成共同的价值观，而思想混乱却是形成共同价值观的大敌。因此，光在政治、经济、文化等方面有大一统措施还不行，最关键最长远的统一要素是思想的统一，形成统一的核心价值观念，才能让政治、经济、文化等领域内的统一措施有效。当时最大的两种思想潮流就是儒家和法家。儒家是尊古的，而秦始皇统一中国偏偏是新事务，他采取的措施也都是些新措施，这些东西都是不符合儒家理念的，而当时六国贵族，也试图借着儒家的"克己复礼"妄图恢复周朝的分封制，从而取得失去的权势。所以，对于刚刚统一的秦朝来说，统一思想是维护大一统的关键所在。因此，一场统一思想的文化运动开始了。手段过分，但客观效果其明显的。虽然秦朝只持续了十几年，但秦朝以后的所有统治者，无一不把统一思想看成维护统治的关键手段，直到汉武帝罢黜百家，独尊儒术，中国大一统思想正式形成。此后所有的统治者，基本上都把儒家思想作为国家的核心思想。这里需要特别说明一下，秦朝"坑儒"和汉朝的"尊儒"，其实质是一样的，都是要统一思想。皇帝用法家的方法统治天下，而用儒家的学说教化百姓。法家强调的是法、术、势，古人把这些东西当成是帝王术，作为驾驭百姓群臣的方法；而儒家学说主要是强调仁和礼，仁和礼最大的优势就是从道德上形成行为自觉，而不用采取暴力措施，是维护等级制度的好工具，所以历代统治者都用儒学教化天下。而当年秦始皇由于没有意识到儒学原本是可以利用的，所以采取了激烈手段。焚书坑儒这种手段毁灭了古代许多典籍，造成文化史上无法弥补的损失。

对于"坑儒"，史学家们现在仍有争论。一般来说有二种看法：

第一是历史上并无焚书坑儒一事，这纯属后人的杜撰。持这一观点的是民国时期兴起的"疑古派"。但近几十年的出土文物，有力地支持了司马迁《史记》的真实性，从而证明了"疑古派"观点的不成立。

第二是的确坑杀了一些人，不过那只是些方士。秦始皇焚《诗》《书》，医、卜之类的文籍不在焚烧之列。且司马迁与汉武帝年龄相仿，按最迟计算（汉武帝崩于公元前87年），司马迁距离焚书坑儒发生的时间，最远不过120多年。司马迁十几岁就开始遍游中国，23岁的时候，其父司马谈去世，司马迁就已经接任其父的职务，担任汉太史令了。如果从司马迁20岁开始算起，距离焚书坑儒的时间不过65年而已。在这样一个狭小的时间跨度之内，以司马迁的学识和所处的地位，焚书坑儒这样的事件，应该不会不清楚。

秦始皇活埋的是些什么人

对于秦始皇臭名昭著的"焚书坑儒"事件，学术界一直有不同意见。主流的意见认为，秦始皇坑杀的是儒生，但也有人认为，秦始皇坑杀的是一些江湖术士。那么，秦始皇坑杀的到底是些什么人呢？

秦始皇建政，荒淫暴虐，民不聊生。特别是"焚书"事件，引起了读书人的强烈不满。有两个儒生，一个姓侯，一个姓卢，《史记》称之为侯生、卢生。这两个人私下议论说："始皇为人，天性刚戾自用，灭诸侯，并天下，意得欲从，于是便自以为自古以来的圣贤谁也比不上他。他高高在上，听不到批评之声，日益骄横；官员们为了讨好他，只能战战兢兢地说谎欺瞒。法律规定，方士之术不灵就要被处死。如今方士三百人，都是因为畏惧而献谀，谁也不敢指出始皇之过，天下之事无论大小皆取决于皇帝，他竟以秤来称量大臣们的上疏，大臣们每天呈上的疏奏不足一百二十斤，谁也不能休息。像这样贪揽权势的人，我们不能为

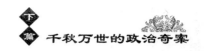

他求长生不死之药。"于是，二人相约而逃。

秦始皇听说侯生和卢生逃跑了，勃然大怒，说："我对待卢生这些人不薄，赏赐甚厚，而他们居然在背后诽谤我。我曾派人去问这些在咸阳的儒生，有人告诉我，他们中有人妖言惑众，扰乱老百姓的思想。"于是，始皇命有关部门逮捕了一些散布"妖言"的读书人。

侯生与卢生本是受秦始皇之命寻仙求药的方术之士，还算不上纯粹的儒生。他们之所以逃跑，可能是怕自己找不到仙药被治罪，而他们评论秦始皇的话，却无不中的。嬴政由他二人的逃跑，迁怒于咸阳的读书人。

关于坑儒之事还有一种说法：由于秦始皇把文字统一为大篆和隶字，秦始皇怕天下不从，于是广召儒士书生到咸阳，共召到七百余人，全拜之为郎官。然后，秦始皇密令亲信在骊山硎谷的温暖向阳之处种瓜，等瓜成熟后，正值冬天，于是使人上奏："骊山竟然冬天长出瓜来了！"秦始皇命诸生前去察看，诸生到谷中之后，正在辩论不已，忽然上面土石俱下，遂皆被压死。

骊山硎谷后来被称为"坑儒谷"，在汉代，这里叫"愍儒乡"。有人考证，坑儒谷在今陕西省临潼西南部五里处，是一个狭长幽深的山谷，实地情形与这个记载很吻合。

也有人认为，秦始皇骊山坑儒一事，其实就是咸阳坑儒的误记。因

为"骊山坑儒"说仅见于东汉初年卫宏作的《诏定古文尚书序》，而且也没有注明出处。其余古籍，均无此记载。

但是，卫宏是汉光武帝时的著名学者，是治学严谨的史学家、训诂学家。他在这篇序言中披露此事，以他的治学态度，应该不是信口开河。况且，《史记》记载的秦始皇咸阳坑儒与卫宏所记骊山坑儒在地点、人数、坑埋方式上都不同。如此说来，秦始皇坑儒，至少有两次。

至于"坑儒"一词，则出现在西汉初年的典籍中，此时已经是秦始皇死后一百多年。

据记载，西汉始元六年，桑弘羊在著名的盐铁会议上舌战群儒，在桑弘羊的眼里，儒生们只知夸夸其谈而不切实际，表里不一，就像那些鸡鸣狗盗之徒一样，自古以来就是祸害。因此鲁国国君将孔丘驱逐，弃之不用，就因为他首鼠两端，貌似圆滑其实迂腐，并没有切合实际的主张。所以秦始皇才烧掉儒生们的著作而使其言论不得传播，宁愿将他们活埋也不任用。

之后，刘向在《战国策序录》中明确说明秦始皇"坑杀儒士"。

出现于魏晋时期的伪《古文尚书》有篇"孔安国序"，序中说："及秦始皇，灭先代典籍，焚书坑儒，天下学士，逃难解散。"这大概是"焚书坑儒"一词的最早出处。正因为"坑儒"一说最早出现在西汉时期，所以许多人便替秦始皇翻案。如章太炎、顾颉刚等人，认为秦始皇

并没有坑儒，他坑杀的其实是"方士"。

不论秦始皇坑杀的是"儒生"还是"术士"，历史上终无定论，每种说法与观点的背后也不排除有私心作祟。作为大一统的始皇帝，王朝的开创者，在面对山东六国新亡不久，故国人心尚存的状况，秦始皇的手段虽然残暴，但是他奠定了中华民族的主体，开创了封建王朝的政治架构！

儒生们制造的二次八卦

遍查《史记》之前的文献，都没有提到过秦始皇坑杀方士的事情。汉文帝时代的政论家贾谊撰写《新书》，有专章讨论秦始皇和秦政失败的原因，他在列举秦始皇的种种败政时，只提到焚书，对于坑方士，却没有只言片语的记载。淮南王刘安活跃于武帝初年，他主编了《淮南子》一书，对于道家很是推崇。董仲舒是独尊儒术的发案者，他著有《春秋繁露》一书，是儒家的经典。这两个人，都比司马迁年长，这两本书，都先于《史记》闻世，也都没有说过秦始皇曾经坑埋过方士。

坑埋方士这件事情，本是一段流传于西汉初年的历史故事，这段故事的原型出自《说苑·反质》篇。这篇故事比《史记·秦始皇本纪》叙述得更完整，更生动，典型的一条街谈巷语、道听途说的秦始皇段子。这条段子的前半段大体同于《史记》坑方士的记事，在这条段子的后半段中，逃亡的方士侯生被抓，秦始皇亲自审问，准备痛斥后处以车裂的酷刑。结果呢？这位侯生大人，临危不惧，正义凛然，他口若悬河，对怒气冲冲的秦始皇来了一段长篇说教，直说得秦始皇先是默然不语，继而觉悟动摇，最后感叹悔过，释放了侯生。一派为方士脸上贴金的野语村言。

司马迁是严谨的历史学家，不会乱编故事，但是，他耳朵长，爱听故事。他编撰《史记·秦始皇本记》，主要使用秦国政府的纪录、奏事诏令和石刻等材料，这些都是比较可靠的史料。不过，这些史料比较枯燥，缺少文采。为了使记事更加丰满，司马迁也从战国以来流传的历史故事中选取了一部分材料添加进去，论这些故事生动有趣，精彩动人。但是，这些动人故事的可信性比较低，有些纯属超时空的天方夜谭，坑方士的记事，就是其中不可信的一个。

司马迁是有思想有独立人格的历史学家，《史记》是私家著作。司马迁编撰《史记》，有自己的著作宗旨和编撰意图。他写《史记》的时候，正是汉武帝热衷于信神求仙，方士们再次大红大紫的时期。被方士们忽悠得神魂颠倒的汉武帝，闹得家国不宁，竟然想要去国离乡，抛妻弃子，升天成仙。司马迁看不惯这些荒唐事情，又不能明说，他于是在《史记》中采用秦始皇坑方士的故事，借古讽今，讽喻汉武帝如同秦始皇一样偏执迷信，也是在警告那些装神弄鬼的方士，你们早晚也要被坑埋，所以，他截取了方士们被坑的上半段，舍弃了侯生教育秦始皇的下半段。

想来，因为更看重选用这个故事的意义，所以，对于这个故事的真伪，他没有作严格的鉴定。

秦始皇坑儒，是一个比坑方士更荒唐的的二次八卦。这个八卦，是儒生们改编坑方士这个假故事加工制造出来的，改编的年代是东汉，加工的方法比较高明，将真焚书和假坑方士合为一体，混为一谈，再将被焚的诸种书籍偷换成儒家的经书，将被坑的方士偷换成读经书的儒生。

考察西汉一代，焚书坑儒这个词还没有出现。方士们编造秦始皇坑方士的故事，本来是为了美化自己，告诫诛杀方士的帝王终究是要后悔的。这个改编的故事，渲染一种宗教的献身精神，方士们以生命的付出，换来了正义的荣光。不过，在西汉时代，对于方士们自编自叙，津津乐道的这个故事，其他各派人士大都不以为然，甚至有一种幸灾乐祸的痛快感。汉武帝以来，继方士之后兴起的儒生们，开始也持同样的态度，并没有想到接手这个故事，来一番冒名顶替的改造。

经过王莽之乱，东汉建国，中兴之君光武帝喜好经术，二代明帝、三代章帝一脉相承。儒学成了国教，儒家的经典有了朝廷的钦定，解释经典的传文，也有了官方的认可，上行下效之下，掀起一阵改写历史的风潮。卫宏是活跃于光武帝时代的儒学经师，他为钦定的儒家经典作序，在《诏定古文官书》中将秦始皇坑方士的故事作了偷梁换柱的改造，编造了坑儒地点，正式确定在始皇陵南面的骊山坑谷，就是后来传说的

"坑儒谷"；坑埋的时间也更具体了，是在冬天。情节更为详细，阴谋更加明显，因为坑儒谷有温泉，冬天种瓜结了果，借怪异之事，骗儒生们去考察议论；坑埋的方法也有了改进，先射死，后填土；被坑埋的儒生数量也增加到七百人，不仅有诸生，而且加进了博士。改造的细节，处处露出东汉的影子，改造的宗旨，是要将儒生们塑造成殉教的圣徒。

历史被改造以后，儒生们又根据新的历史制造新的名词。班彪活跃在东汉初年，《汉书》是他与儿子班固、女儿曹大家的共著，遵从官方的旨意，供奉经学为正统。《汉书·五行纪》数落秦始皇的暴政，"燔诗书，坑儒士"同时并举，"燔书坑儒"作为一个四字专用名词，出现在《汉书·地理志》中。从此以后，燔书坑儒-焚书坑儒，作为一个汉语常用词汇，作为一个历史事实，作为一个文化观念，应运而生。

让秦始皇继续将黑锅背下去？

我们现在所读的《史记·秦始皇本纪》，是东汉明帝以后的版本，经过东汉的儒生和正统史家们的添加和篡改，已经完全不是司马迁当年写的样子。不明白这一点，不但书读不懂，秦始皇也永远读不懂。我前面说有关秦始皇的一生，多半要推倒重来，有一半的理由在这里。

焚书坑儒，究竟是历史还是八卦？至此可以作一个简单的总结。秦始皇坑方士，本来是方士们在西汉初年编造的假故事，却被司马迁写进了《史记》。到了东汉初年，儒家的经师们将焚书改编成了焚经书，将坑方士

改编成了坑儒生，他们不但将被坑埋的帽子抢来戴在头上，企图以没有的牺牲骗取道德的荣光，而且私下偷偷将《史记》的相关记载按照自己的意图作了篡改。

从此以后，坑儒的谎言变成历史，焚书坑儒这个真假参半的合成词，变成一种文化符号。这个文化符号，借谴责专制暴君和文化暴行之名，将儒家经典奉为圣经，将儒生奉为殉教的圣徒。因为这个文化符号，秦始皇背了两千年的黑锅。

诸子百家是中国文化的源头和根本，是人类脱离鬼神迷信之后的理性觉醒，其丰富的内涵和无限的可能，却在政治专制和文化统治的摧残下，偏离了多元的方向，失去了自由与活力。

如果对坑儒这个谎言一定较真，焚书坑儒这个词就需要分解，坑儒将被认定是尊儒的帮衬，两千年来数不清的史籍文献就要修订，无数的高谈阔论也需要收敛了。

公子扶苏自杀：被赐死的谜团

　　秦始皇的长公子扶苏是具有政治远见的人物，他认为天下未定、百姓未安，反对秦始皇的暴政，可惜却死于"沙丘政变"的阴谋中。

 **扶苏赐死之谜**

　　扶苏是秦始皇的长子，因其母郑妃是郑国人，喜欢吟唱当地流行的情歌《山有扶苏》，秦始皇便将两人之子取名"扶苏"。"扶苏"本义是

古人用来形容树木枝叶茂盛的，秦始皇以此作为孩子的名字，可见对其寄托着无限的期望。

年少的扶苏机智聪颖，天生一副慈悲心肠，喜欢研读儒家著作。秦始皇统一中国后，扶苏曾多次议政，对于治国、安定天下颇有见地，但其治国理念经常与暴虐的秦始皇背道而驰。秦始皇三十五年，侯生、卢生等人议论皇帝，并双双逃走。秦始皇听到消息后极为愤怒，命人进行追查。身为秦始皇长子的扶苏不同意父亲焚书坑儒的举措，多次上书谏议，劝阻秦始皇。据《史记·秦始皇本纪》记载，扶苏对秦始皇说："天下初定，远方黔首未集，诸生皆诵法孔子，今上皆重法绳之，臣恐天下不安。唯上察之。"他希望秦始皇能明察秋毫，赶快停止错误的行为。扶苏的劝谏惹怒了秦始皇，他偏执地认为这是扶苏性格软弱所致，于是下旨让扶苏去北方协助大将蒙恬修筑万里长城，抵御北方的匈奴，希望借此培养出一个刚毅果敢的人才。

几年的塞外征战果然使扶苏脱颖而出，他身先士卒、勇猛善战，立下了赫赫战功，敏锐的洞察力与出色的指挥才能让众多的边防将领自叹不如。他爱民如子、谦逊待人，深得广大百姓的爱戴。

就在扶苏热切期望回到朝堂一展宏图之时，他接到一道诏书，内容竟是责备他办事不力，赐其与将军蒙恬自尽。这便是赵高、李斯、胡亥三人密谋的"沙丘政变"，他们企图拥胡亥继帝位，篡改了秦始皇将继承

权交于扶苏的遗命。大将蒙恬当时对这诏书就起了疑心，力劝扶苏不要轻生，但扶苏为人宽厚仁义，不愿背礼，旋即自杀。

扶苏自杀，胡亥篡位的阴谋也得逞了。可是，这一失一得，带给秦帝国的是什么？许多人认为，这结果加速了秦帝国的崩溃和灭亡，而扶苏本是唯一可以改变这种结局的人选。

扶苏不仅仁厚，而且智勇双全。当秦始皇横扫天下，统一六国后，而那些包括廷尉李斯在内的重臣皆逢迎说秦始皇的功绩"上古以来所未有，五帝所不及"，而当秦始皇横征暴敛、苛刑酷法时，秦帝国面临的巨大危机又有几个人能够清楚、冷静地看到呢？扶苏却看到了。他不仅看到了，而且宁愿冒着失去父皇信任的危险，为天下苍生请命，数次犯颜直谏。不是秦帝国的政治精英们看不到秦始皇好大喜功、挥霍无度给国家带头的灾难，而是他们或无仁心，或安于富贵，不敢谏言罢了。

秦始皇一方面将扶苏外放北方监军，让他到自己最信任的率有秦国最精锐军队的大将蒙恬那里去；一方面又在去世前留下"以兵属蒙恬，与丧会咸阳而葬"的遗命，即将皇位继承权交于扶苏。这说明，秦始皇在心里是承认扶苏的仁政国策的，只是不允许他在自己的有生之年，推翻自己之前所定的国策。秦始皇只有在临死时，才会将巨大的权力、责任与希望都交给扶苏，交给这个自己不喜欢其直言敢谏，却不得不承认其是最佳人选的儿子，而且扶苏是长子，是经过世事磨砺的无可争议的

传位第一人。

扶苏说"天下不安"，他说的难道仅仅是些儒生吗？当然不是，他指的是六国贵族尚存的强大实力以及民众不堪秦暴政的反抗力量。秦始皇对此必然也是深有体会，他的数次遇刺以及"楚虽三户，亡秦必楚""始皇帝死而地分""今年祖龙死"等谶言，无不使他对自己的统治产生惊悸。

如何巩固政权，这是每一个秦国执政者最关心的事情。除了"车同轨，书同文"这样公认的治国措施外，在国家制度和法律实行上，能否用与以前同样或更加严酷的法律来用于法制基础还很薄弱、关东各国贵族及民众对秦政权还充满仇恨的这一阶段。是不是应该效仿周灭殷朝后那样，宽刑简政，与民休息，缓解各方面尖锐重大的矛盾？还是像历史事实那样，继续实行严法酷刑以及劳役繁重、税赋暴敛？

扶苏显然属于以史为鉴派，后来诛杀赵高的秦始皇子婴也同属此派。他们认为秦法虽然可用于关中，但未必可用于关东六国。事实上关东六国虽然也以法制为基础，但法律的严酷及完密性远远不如秦国，因此确实无法让关东诸国民众在短时期内就适应。毕竟秦国在关中已有130余年的苛法酷刑实施历史，而天下统一不过才数年时间。后来的历史发展事实证明扶苏的国策观是完全正确的，秦帝国最终亡于酷法暴政。

但是扶苏最终是自杀而死的，被一个名义上的秦始皇诏书赐死。诏书上给他列举的罪名是"为人不孝""士卒多耗，无尺寸之功""上书直言诽谤"。而事实的真相是：秦始皇死于巡游途中，遗诏令扶苏"与丧会咸阳而葬"，秦始皇没有立过太子，此遗诏实际上已立扶苏为太子。赵高对李斯说过："上崩，赐长子书，与丧会咸阳而立为嗣。"遗诏本是最权威的旨意，扶苏在正常逻辑下必定为秦二世皇帝。但是，赵高改变了秦帝国及中国历史进程。

赵高主动向公子胡亥提出篡位建议，并以战国纵横家的滔滔辩才先后说服了胡亥及只想长保富贵的丞相李斯。胡亥要当皇帝，那么秦始皇指定的继承人扶苏就必须死。扶苏之死，不仅是他个人的命运悲剧，更是一个强大帝国的历史悲剧。如果扶苏成为秦帝国二世皇帝，或许中国历史上会再出现一个明君与盛世。在帝王制度之下，一个皇帝的贤德与才能，于国于民太为重要。为什么一个公认贤仁公子竟被赐死？原因很简单，就是权力的诱惑。

虽然秦始皇的死是必然，但他死于沙丘却是偶然。如果秦始皇死于秦都咸阳，那么胡亥、赵高及李斯篡位夺权的阴谋几乎不可能产生，正因为他死于沙丘，群臣均不在身边，所以赵高三人的阴谋才能得逞。于是，胡亥为了皇位，李斯为了长保权位，赵高为了获得更大的权力而勾结在了一起。

有的人认为，既然一切都是秘密的，那么只要胡亥、赵高、李斯三人直接将遗诏改为矫诏立胡亥为继承人不就可以吗？为什么一定要扶苏死呢？这不是反而自露篡位的破绽吗？蒙恬就曾经向扶苏提出过诏书的可疑性，而其实知道扶苏是含冤而死的人又岂止他一人。《史记·陈涉世家》记载陈胜在起兵时曾说："吾闻二世少子也，不当立，当立者乃公子扶苏。扶苏以数谏故，上使外将兵。今或闻无罪，二世杀之。"显然，赵高三人认为，光有秦始皇传位胡亥的遗诏必受怀疑，因为立嫡以长确实在春秋战国及秦国已经成为宗法制度，而且当时秦帝国朝野上下都认为扶苏是太子的最佳人选。斩草除根是三个篡位者的共同想法，扶苏当然必须死。

秦始皇大臣秘谋杀皇子的内幕

　　始皇帝晚年有一大疑政和失政，就是没有立太子，明确皇位继承人。扶苏是长子，贤明且深受皇帝器重，是朝野上下公认的继承人。扶苏因直言进谏而被离京外放，对于皇帝的继承问题和始皇帝晚年的帝国政局，不可不谓有重大的影响。

　　秦始皇焚书一事，源自丞相李斯的建议。李斯是法家，他反儒反分封，无视先王之政和仁义道德。坑儒严惩方士诸生，他当然也起到了推波助澜的作用。扶苏反对焚书坑儒，为儒生说话。在政治主张和政策上，他自然与李斯是对立的。李斯在始皇帝死后的不安，其政治上的根源，可以追溯到这里。

　　李斯与蒙恬之间，在政见上也有对立。秦统一中国以后，整个北部边境，紧邻强大的匈奴，他们的威胁力，远至辽东，近及首都。始皇帝自视为天下唯一的君主，不能容忍对等和对抗。当他准备攻击匈奴、占

领匈奴南下的进出基地——河套地区时，李斯曾经反对进兵。他认为游牧民族和农耕民族之间的生活方式有着根本差异，匈奴居无定所，很难控制，而且草原骑战和城守攻坚之间也完全不同，秦军轻装深入，军粮难以接济；携辎重深入，则无法机动对应。占领匈奴的地方无法常驻，捕获匈奴的军民无法役使，耗费大而收获小，不是长久之策。但是始皇帝没有接受李斯的意见，他任命蒙恬为大将，统领30万大军进攻匈奴，最终占领了河套地区，设置了九原郡。蒙恬是进攻匈奴的主帅，北进政策的推进者。李斯与蒙恬的政见分歧，由此而生。

扶苏到上郡监军，与大将蒙恬共事，二人关系融洽，一体同心。蒙恬的弟弟蒙毅，受宠于始皇帝，多年以来，一直在始皇帝的身边担当重要职务。扶苏是皇长子，皇位的第一继承人；蒙恬是帝国北部军大将，兼任首都地区的军政长官——内史；蒙毅是内廷中枢政要，始皇帝最亲信的侍从大臣。扶苏外与蒙恬共事，内有蒙毅的支持，皇长子与蒙氏兄弟在政治上携手联盟，成为始皇帝之下最大的政治势力。扶苏继承皇位的布局，也由此形成。

始皇帝在位期间，李斯因始皇帝的信赖而平安无事，可一旦扶苏即位，首当其冲的政治变动，无疑就是李斯。李斯的危机感，有很大一部分是来源于此。赵高是久在内廷深处的人物，他对权力极为敏感，体察得极为真切。他有自信说服李斯，就是因为他看透了这种局势，也了解

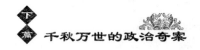

李斯的为人。

政见上的分歧，人事上的站队，以及个人间的恩怨导致了政治上的分合对立。李斯与扶苏和蒙恬有政见上的对立；而在人事上，因为扶苏与蒙氏联盟的关系，他也自然是站在了对立面，赵高是胡亥的老师，为了拥立胡亥，必须消灭扶苏；赵高与蒙氏之间有嫌隙，主要是个人的私怨。

赵高在中车府令任职时，曾经犯有大罪，并交由蒙毅审理。蒙毅是奉公守法的人，不敢有所怠慢，依法判处赵高死刑，剥夺其官职，削除其出入宫内的门籍。由于赵高始皇帝身边近臣，蒙毅判决后交由始皇帝定夺。始皇帝惜才不忍，赦免了赵高，不久，他便官复原职，继续担任中车府令。这件事的来龙去脉和详情细节，由于史书没有记载，已经无法知道。不过，据此推测，赵高等同于死而复生。从此，赵高供职办事兢兢业业，为人处世小心翼翼。不久，再次取得了始皇帝的信任，皇帝出行，不仅车马由他提调打点，皇帝的玺印，也由他掌管，进而幼子胡亥的教育也委托给了他，可谓是看重有加。不过，在他脱胎换骨的背后，早就埋下了对蒙毅及蒙氏一族的仇恨。

对于当时的赵高来说，伦理道德又算得了什么。他需要的只是权力，权力在手，他就可以复仇，可以为所欲为。三人密谋时，赵高说动了胡亥，准备要劝说李斯之前，曾经忍不住出声喊道："时机时机，迫在眉

睫，整装出击，唯恐延误。"他之所以如此急迫，是因为正好在这个时候，一直跟随在始皇帝身边从未离开过的蒙毅，临时受始皇帝委托，外出祭祀尚未归来，这可是千载难逢的机会。

赵高说动李斯以后，兴高采烈来见胡亥。他向胡亥汇报说："臣下奉太子之明命通报丞相，丞相岂敢有不奉命之心。"胡亥大为高兴，三人政治同盟结成。

三人政治同盟结成以后，胡亥、赵高、李斯联手，开始了夺权的政治行动。夺权的关键，在于消灭最大的竞争对手扶苏。扶苏的背后有蒙氏和三十万秦北部军，不可力取，只能谋夺。李斯与赵高迅速销毁始皇帝赐送扶苏的书信，另外制定遗诏，以丞相李斯承受皇帝遗言的方式，立胡亥为太子，同时赐书扶苏、蒙恬，谴责赐死。伪造的遗诏具文如下："朕巡游天下，祷祀名山众神，以求延年益寿。今扶苏与将军蒙恬领军数十万屯驻边疆，十余年间，不能前进，士卒多耗，无尺寸之功，反而多次上书诽谤朕之所为，因为不能回归京城为太子，日夜怨望。扶苏身为人子不孝，赐剑自裁。将军蒙恬辅佐扶苏居外，知其谋而不能匡正，为人臣不忠，赐死。属下军队，交由副将王离统领。"文书封口加盖皇帝玺印后，由李斯手下的亲信舍人和胡亥手下的门客共同持送上郡。

诏书送走后，李斯、赵高和胡亥，密秘地载着始皇帝遗体，宣称始皇帝继续巡游，他们大体上围绕上郡环行，目的就配合遗书的发送，制造皇帝出巡北疆的假象，镇抚北部军队，威慑在上郡的扶苏和蒙恬。始皇帝死时，正值夏天，秦始皇的遗体腐烂发臭，于是他们便在车中装满了咸鱼，以掩盖尸体的臭味。可怜千古一帝秦始皇，晚年苦求长生不得，死后的遗尸亡魂，还要为政治服务，不也是人生的悲哀？

胡亥和李斯的使者抵达上郡后，扶苏接旨受命，读到始皇帝的赐死书不禁落泪，决定自杀。蒙恬劝阻扶苏说："陛下在外巡游，未曾册立太子，遣派臣下统领 30 万大军镇守边疆，委任公子为监军，关系到天下的安危，国本的稳定。眼下使者携书前来，何以知道是真是假？望公子上书请求复核，复核无误后再自杀，为时不晚。"对于身处高位、左右国政的人来说，瞬间的选择，往往决定了历史的发展。蒙恬受始皇帝信任重托，是多年统兵在外的大将，凭他对当前政治局势的了解，对皇帝赐书的真伪有相当的怀疑。如今皇帝在外出巡且身体多病，突然有诏书使者来，要皇长子和大将自杀交出兵权，实在蹊跷。蒙恬的判断和劝告，合情合理而又明智。然而，我们永远难以理解的是，扶苏竟然没有因蒙恬的劝告而有所省悟，他当即自杀了，只留下了一句"父赐子死，何能复请"。后人有人称他仁孝，有人批评他懦弱，我想他可能是过于刚烈自负，不能曲折委婉。不管怎样，他不是能够在政治上周旋驰骋的人物。

如果扶苏不自杀，不管是再请复核，还是抗命拖延，秦帝国的命运都将完全改观，历史将转向不同方向。扶苏自杀，蒙恬失去依托，被置

于极为被动的境地。他无奈之下，只得将兵权交与副将王离，但拒绝自杀，被软禁在上郡阳周县。李斯手下舍人出任护军都尉，代替扶苏，监控北部军。

扶苏自杀的消息传到九原，紧张不安的胡亥、李斯、赵高大喜。他们马上急速南下，回到首都咸阳，发丧，公布遗诏，立胡亥为太子，继位，遵始皇帝生前旨意，号称二世皇帝。李斯继任丞相，主持政事。赵高升任郎中令，跻身于政府主要大臣之列，负责宫廷警卫。三头执政的二世新政权，正式成立。

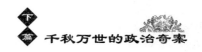
假如扶苏即位，秦国会很快灭亡吗

秦始皇朝的建立，是在数以百万计的枯骨上的大一统，这种说法并不是认为秦始皇杀人过多，因为历史在前进，赢政在历史面前所扮演的就是一个推动历史车轮向前的角色，只不过，凡是阻碍了历史发展的势力，必将在斗争中灭亡。但是所有人都要一分为二的看，枯骨中小民百姓也只能在悲情的历史长河中，留给后人寄予幽思的祭奠了。

如果历史是这样，秦始皇在东巡天下的路上驾崩了，遗诏中的遗命是立长子扶苏为二世皇帝。此时此刻，热锅上最大的蚂蚁当数是奴臣赵高了。

不论赵高如何游说，李斯还是会有所顾忌，但是李斯最终还是遵从了始皇帝的遗命，当即扣押赵高，暂时未发布始皇帝驾崩的消息，暗地里派人连夜前往北地传旨，遥尊皇长子扶苏为二世皇帝，请扶苏火速赶回咸阳即位，同时派人严密监视随驾的秦始皇幼子胡亥，使其不得与赵

高见面。

待东巡大队回到了咸阳，扶苏也赶回了都城，李斯马上发布了秦始皇驾崩、扶苏即位的消息。一时间，六国故主、遗老遗少都觉得复国的机会来了，怎奈当年灭国时都被秦始皇调入关中居住，无法动弹，只能伺机而动。

李斯接着又发一道命令，就是封锁关中通往外界的四个主要的关口，尤其是潼关和函谷关，关中的百姓禁止出去，关外的人也不许进来。

秦始皇驾崩，大快人心，大秦以法家的思想治理天下，使得百姓苦不堪言，百姓对这种"疲民"的政策早已异常的痛恨。此时的天下看似很平静，实际上，六国贵族关外的在忙于暗中招兵买马，留在关中的在静待消息。

扶苏和他父亲的性格完全不同，嬴政刚劲和无情，但他温情和细腻。但从历史的角度来看，天下初定，要想维护这来之不易的统一局面，就必须要有嬴政的那种猛烈和无情，但是就连嬴政自己也清楚地意识到自己的过失和不当，可是他作为一国之君，不能够推翻自己，他能够做的，只有给后人、给他的天下选择一位能够矫正自己过失的后世之君。于是，秦始皇选择了与自己性格相反的扶苏。

扶苏在做皇子的时候就对他父亲的很多做法持相反的意见，扶苏一直以来都主张不废除祖制，抵制郡县制，主张分封嬴氏子弟到各个封国去；扶苏主张以怀柔治理天下，似乎更接近道家的思想，也有很多的儒家成分，停止征发新的徭役，军队采用当地民、当地兵的原则，不需要让服兵役的百姓四海奔波；还主张节俭，这又有墨家的思想，总之，扶苏不喜欢法家，所以对提出郡县制和法家的倡导者李斯怀有极大的不满。

扶苏即位，他如何矫正秦始皇的过失呢？

扶苏面临的第一件事是，秦始皇驾崩，但是他的郦山陵墓还没有完工，在那里日夜劳作的民夫们，早已是一个随时等待爆炸的火药桶了。于是扶苏当即传旨，将父亲入殓，简化郦山陵墓的工程，让民夫分批次返乡，回乡务农。与此同时，更继续严密监控关中的六国故人，以免他们趁机出逃。这一旨意，深得民心，郦山的民夫最后只留下了三五万人。相同的，扶苏也下旨停止修建阿房宫，民夫全部返乡。单这两项，扶苏就为大秦的土地上增加了将近一百万劳动力，而且"育兵于民"，这一百万劳动力也成为将来军队的备用力量。

扶苏面临的第二件事，就是是否废除郡县制，以及如何安置李斯和赵高等人。扶苏的主张是分封子弟，他当然会在是否遵循父训和坚持自己的立场上做出选择。扶苏是有智慧的，他仍然让李斯暂时做着相国，郡县制依然保留着，至于赵高，结局只能是死。

扶苏这样做的原因有三点。第一，即位之初，立即推翻父亲定下的且实行了不到20年的国策，会被看作不忠不孝的行为，作为扶苏，他即

使知道自己是对的，也不会选择做不忠不孝的后世之君；第二，如果立即废除郡县制，那么废除后闲置下来的众多郡守、郡尉、县令、县尉的安置，这些官员当初的任命都是秦始皇批准的，而且手中都拥有军队，而扶苏自己的军队尚在北地镇守，一旦安置不当，天下必定大乱，六国势力也很可能会趁机死灰复燃；第三，蒙恬没有和自己一起回咸阳，北方是重要的边关，他和蒙恬千辛万苦才将胡人赶走，当地仍不稳定，所以蒙恬要继续阵守边关，因此自己手边上既没有多少兵，也没有多少人，如果立即查办李斯，那么很有可能会出现李斯"狗急了跳墙"的不利局面。因此，扶苏当下肯定要先稳定局面。

扶苏面临的第三件事，就是身边的兄弟，嬴氏的叔侄。扶苏虽然主张分封，但是暂时又不能分封，身边又有这么多他认为应该分封的人，于是只好先将这些人封王封侯，包括自己最小的弟弟胡亥。扶苏的确是个厚道人，至亲骨肉，也不管对方心中打着什么样的算盘，他一个都不会亏待。

扶苏面临的第四件事，就是如何安置关中原六国的遗老遗少。肯定会有人建议扶苏杀掉这些人的，但是，谁提出的建议，谁的日子也就快到头了。扶苏做皇子时，并未在咸阳待过多少日子，但是哪怕只在一天，他也会走访这些人家的。他一直认为，六国遗贵中有许多胸怀锦绣、才学渊博的才俊之士，所以，扶苏会从这些人中挑选出自己能用得到的人，让其继续为秦国效力。而且这些人了解扶苏忠孝仁义、温文尔雅，一定会有人去为秦二世扶苏效命的。

当然，如果扶苏可以即位，他改变的事情绝对不会只有这些。单从第一项来说，释放民夫，就可以大大缓解秦始皇朝统治阶层与黎民百姓之间的矛盾，几年后的陈胜吴广可能就不会在大泽乡揭竿而起了，那九百人也应该在家种地呢；项家人也许仍然会对大秦报以仇恨，但是响应的人可能不会有那么多了，成事的机会也就大大降低了；刘邦这个人也许就在里长那里终老一生了。

郡县制也许于三五年后被废除，扶苏的兄弟叔侄们会封往天下各地。

李斯将于两年内告老还乡，蒙恬将担任相国和大司马，也许因此会导致北地再次落入胡人之手，咸阳的位置将遭到胡人的威胁，扶苏迁都关外也有可能。这样，中国历史的以关中为核心的时代将提前至少七百年结束。

秦始皇朝会比历史中的命运要好一些，时间会坚持得长一些，但是假设中的历史也会相对倒退一些。

也许那时的大秦的铁骑依然强大，只不过江山中多少带了一缕温情、一丝柔弱、一份庸懒的老庄的味道，然而，也许仅仅只是也许。

暗藏杀机：荆轲刺杀秦始皇之谜

荆轲刺秦王的故事妇孺皆知，但是人们对此事前因后果的理解，与历史事实出入很大。例如，荆轲刺秦王未果的原因，普遍认为是因为荆轲的剑术不精。那么事实到底如何？

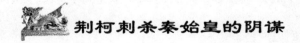 荆柯刺杀秦始皇的阴谋

这一天要举行一个国家的受降仪式。因为当时，秦始皇嬴政即位以后，他已经灭掉了战国七雄中的魏国和赵国，而且他的大军已经逼近了

燕国的边境。而这个时候派来的使者，恰恰就是燕国的两个使者。这两个使者，带来了两件让秦始皇非常高兴的礼物，一件是人头，一件是地图。这两样东西并不是一般的礼物，这个人头是秦始皇嬴政最恨的一个叛将樊於期的人头，现在这个人头被燕国送过来了；这个地图也不是一般的地图，这是当时燕国最富庶的一个地方——督亢地区的地图，要知道在冷兵器作战时代，地图非常重要。

两个使者通过秦始皇身边的侍从，告诉秦始皇嬴政，燕王已经吓得来不了了，燕国举国要做内臣，也就是说燕国要投降了。燕王派使臣送来的人头与地图即表示降服的诚意。秦朝用这么隆重的礼节，是要举办一场受降仪式。这个时候，秦始皇已经灭了两个国家，这第三个国家主动前来投降，秦始皇能不高兴吗？

一切准备就绪后，两国使者出场了。这两个使者，一个是中国历史上鼎鼎大名的荆轲，另一个是他的助手秦舞阳。荆轲端着一个匣子，盛的就是樊於期的人头。秦舞阳拿着督亢地图。两个人进入大殿，然后由九宾礼引导走进了秦廷。

副使秦舞阳这个人，是燕国的勇士，13 岁就杀过人。秦舞阳拿着地图，荆轲端着匣子，进入秦廷以后，看见秦廷中戒备森严，武士成林，秦舞阳刚走到台阶之下，便面如土色，两腿哆嗦，迈不开步了。这立刻引起了秦国大臣的惊讶，因为秦国大臣觉得，燕国受降献图的使者，不

应该是这样的表现。荆轲发现大臣的目光都在秦舞阳身上，就回头看了看秦舞阳，然后笑着向秦始皇解释。他说秦舞阳这个人，是小地方长大的粗人，没见过大场面，更没见过天子，所以他见了天子以后，吓着了，希望大王能够原谅他，让他上殿完成使命。

秦始皇嬴政看了看镇定自若的荆轲，再看看面如土色、浑身发抖的秦舞阳，秦始皇就让荆轲把地图献上殿来。荆轲把匣子放下，从秦舞阳手中取过地图登上大殿。地图是卷轴的，荆轲一点一点地展开卷轴。地图慢慢打开，秦始皇嬴政专心致志地看着荆轲一点一点展开的地图。当地图完全打开以后，地图的最里面突然露出来一把匕首。这就是中国历史上非常有名的"图穷而匕首现"。

这把匕首不是一般的匕首，它是当时最有名的徐夫人匕首，这个匕首在炮制的过程中，是在毒药水里反复浸泡过的，所以，一旦用它划破人的肉皮，碰到血液，这人便会立即身亡。秦始皇嬴政看见匕首后，陡然一惊，但为时已晚。荆轲的左手抓着秦始皇的袖子，右手攥着匕首，直接刺向秦始皇的胸膛。秦始皇嬴政这个时候唯一的想法，就是要活下来，于是他拼命地撕拽，结果用力过猛，左边的袖子就被拽掉了，秦始皇趁这个逃脱的机会，拔腿就跑，荆轲随后就追。

秦始皇嬴政绕着柱子跑，荆轲在后面追，两人上演了一出百米赛。嬴政这个时候想还手，但因为秦朝宫殿规矩很严，所有大臣上殿，不能带兵器。台下武士虽有兵器，但是没有命令不得上殿。嬴政自己倒是佩带了一把剑，但是剑有七尺长，按现在折算，长度足有 1.62 米。嬴政想要一边逃一边抽出这个剑，可怎么也抽不出来。而且他还不敢放慢速度，后面荆轲死死地盯着他追，所以他越是急，剑越拔不出来，后面的荆轲是越追越近。大臣们没有办法用手去挡荆轲，因为荆轲拿的是剧毒的剑，轻轻一划，马上就见血封喉。

就在这个紧要关头，秦始皇嬴政的御医夏无且，背着一个盛了中药的药囊。夏无且急中生智，解下药囊，对着荆轲就撒过去。荆轲隐约觉得有一个东西冲他飞过来，就闪了一下，放慢了脚步。秦始皇嬴政趁机多跑了几步，旁边的大臣也看出门道来了，秦始皇嬴政要想拔出剑来，必须把剑移到背后，所以大臣齐呼"王负剑"，你把剑弄到后面，从后面往外抽，距离足以把 1.62 米的剑拔出来。

秦始皇听大臣们的高呼，顺利地把剑抽了出来。秦始皇拔出长剑，荆轲马上就处于劣势了。秦始皇第一剑就砍中了荆轲的左腿，荆轲一下子瘫倒在地，但荆轲没有放弃他的刺杀行为，他把匕首当作飞刀，向秦始皇扔了过去。但是荆轲这个飞刀术又不是太高，秦始皇一躲，刚好扎在柱子上。

荆轲手里没有任何兵器了，秦始皇上来一下子连砍荆轲八剑，荆轲受了重伤，瘫在那里。史书记载此刻的荆轲有八个字——倚柱而笑，箕

倨以骂。就是荆轲靠着柱子，仰天长笑，箕倨就是把两条腿叉开，这是一个非常不恭敬的姿势，然后就骂。这时台下武士上来，乱剑齐下，把荆轲杀了。

荆轲尸横殿上，秦始皇嬴政坐在宝座上，直直地发呆，据史书记载，秦始皇当时愣了好长时间。这是他第一次遇刺，第一次面临死亡，等于一只脚已经踏进了鬼门关，他愣了半晌才说了一句"无且爱我"，所以最后赏他二百金。这就是中国历史上非常有名的荆轲刺秦王。这一场秦宫的行刺，被司马迁写入了《史记》的《刺客列传》，载入了中国历史的史册，千古流传。

秦始皇嬴政一生当中，做的最伟大的事情就是统一了中国，但同时他也成为了六国的公敌，天下的公敌，想要刺杀秦始皇的人，决不会只有荆轲一个人，但这不是人人都能办到的，因为进入秦国王宫是需要通行证的。荆轲被杀以后，秦始皇嬴政通缉了荆轲所有的朋友。

荆轲的好友高渐离，是一个音乐家。高渐离因为荆轲受到牵连，于是隐姓埋名，去给一户人家作帮工。这家主人特别喜欢弹筑。高渐离一听就觉得主人弹得不行，于是经常在背地里评说主人的琴技术。

世上没有不透风的墙。这个话结果还是传到了主人那里。主人很好奇地把高渐离请过去，说到："先生既然说我弹得不好，不知先生能否弹奏一曲？"高渐离随意一弹，所有人都惊呆了。然后高渐离就觉得没有

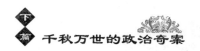

必要再隐姓埋名了，就公开地弹起来，越弹名气越大，最后弹得连秦始皇都知道了。

此时的秦国已经统一天下了，秦始皇召他进宫想一睹他的风采。结果进宫以后，有人指认这就是荆轲的好友高渐离。但应该说秦始皇是很爱才的，他既想听他的音乐，又害怕高渐离成为第二个荆轲，最终，他想出了一个很残忍的办法，把高渐离的双眼熏瞎。看不见了，就不可能刺杀了。慢慢地，高渐离得到了秦始皇的信任，最后高渐离光凭声音就能判断出嬴政在什么位置。后来高渐离在筑里面装上铅，用这个灌了铅的筑去砸秦始皇，想完成刺秦的伟业，结果也未成。你想一个盲人去袭击未盲的人，秦始皇一躲不就躲过去了吗？最后高渐离被杀。秦始皇因此得到了一个教训，被他灭掉的六国人，人人都可能是刺客，一个都不能接近。虽不接近，却还是不可避免地遇到刺客，下一个刺客叫张良。

张良是韩国的贵族，韩国灭亡之后，张良变卖家产，用重金买了一个刺客。这次张良选择了远距离投掷，用一个大铁椎去砸秦始皇，但是没有砸到秦始皇坐的车，而是砸到旁边的车，秦始皇又侥幸躲过一劫。

秦始皇一生，从荆轲开始，就不断地有人在刺杀他，所以荆轲刺秦不是一个孤立的事件，它实际上代表了六国所有的反秦武装，代表了那些不甘心被秦灭亡的国家的人的一种普遍的心理。

荆轲刺杀秦始皇为什么会失败

从可考的史料来看，荆轲刺杀秦始皇之所以会失败，原因有以下几点：

第一，荆轲可能是一名图有虚名的剑客。

荆轲在到燕国成为田光的朋友之前，前前后后到过不少地方，也见过不少王公大臣，但没有一个人肯相信他的能力，也没有一个官家愿意重用他。我们可以想象，在那个战乱的年代，如果真的是一位有名的剑客，怎么可能不受重用？所以据此推测荆轲不是夸夸其谈，就是拿不出真本事。秦庭里那一幕更证明了荆轲的无能，手执赵国利刃，竟然抓不住近在咫尺的秦始皇，更可笑的是，身为刺客竟然不如秦始皇跑得快，荆轲不但武功不行，体能也很差，完不成任务是理所当然的。

第二，荆轲虽然表面上很镇定，但其心里始终充满着巨大的恐惧。

历史上有名的刺客，如聂正、曹沫者，一般都表现出"泰山崩于前

而色不变"的心理素质。即使面对刀山火海，仍然从容不迫、临危不惧，这绝非常人可比。然而荆轲就不同了，和别人发生冲突时，对方哪怕只是狠狠地瞪他一眼，他的气势就会马上消失，一句话也不敢说。荆轲心理素质不好，到了燕国后，燕国的君臣百姓都惧怕秦国，加之受太子丹和鞠武的影响，荆轲内心的恐惧可想而知。当田光受命动员他去刺秦时，我想，荆轲一定是不想领命的，不然的话，像刺秦这样迫在眉睫的事，他也就不会一拖再拖，直拖到太子丹都有点不耐烦了才不得不出发。要刺杀这个雄才大略、如鹰隼一般的秦始皇，荆轲心中的恐惧早已宣告了失败。

第三，荆轲的刺杀行动缺乏周密细致的准备。

首先，心理上准备不足，种种迹象表明，荆轲其实并不乐意去刺杀秦始皇，只是碍于面子和虚荣，更何况他也不能光吃喝玩乐不干正事；其次，精神上准备不足，自己水平如何他自己心里最清楚，行刺的对手是个什么样的人他心里更清楚，心里没有"谱"必然导致行动上犹豫不绝；最后，物质条件准备不足，临出发了人还没有凑齐，在太子丹的催促下才匆忙上路。这样的状态怎么可能完成任务。

第四，荆轲是一个贪图享受、毫无意志力的人。

史书上对荆轲的描写篇幅并不长，但总是看到他在喝酒。上到王公大臣，下到杀鸡宰狗的屠户，甚至是沿街卖唱的艺人，他都能混在一起

喝酒，就连刺杀行动出发前他还和一帮混混大喝特喝，直喝得东摇西晃，时哭时笑，这哪是一名大刺客的做法？用这样的人去干惊天动地的大事情，焉有不败之理？

这样的荆轲当然不可能完成太子丹交给他的事关燕国生死存亡的历史任务，非但如此，秦始皇因此被彻底激怒了，尽管燕王把太子丹的人头交给了秦国，秦国还是不肯善罢干休，最终还是灭了燕国，这恐怕不只是天意吧。

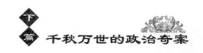

 ## 秦始皇被刺杀时为何拔不出剑

在距今2000千多年的秦国，咸阳宫曾是它的心脏。如今，咸阳宫变成了土堆，而秦军这支曾经最强大的军队，却给我们留下了太多的谜团，这究竟是一支怎样的军队？秦军强大的根源在哪儿？

1974年，秦始皇兵马俑坑中发现了大量兵器，这些兵器展示了秦军令人叹为观止的一面。

在河南省西平县，考古学家们发现了大量古人炼铁的遗迹。2000多年前，这一带是韩国的冶铁中心，铁器生产在当时已有一定规模。令人费解的是，处于同一时期的秦人的兵马俑坑中出土的4万件兵器，却几乎全由青铜铸成。难道中国秦军是一支装备落后的军队吗？

司马迁在《史记》中这样描述：刺客荆轲手持匕首，绕柱奔逃的秦始皇企图拔剑还击，三次拔剑而剑竟然不出。

司马迁解释为，秦始皇的配剑太长了，所以不能及时拔出来。青铜

剑一般是无法做长的，因为青铜材料易断。春秋战国时期，最负盛名的越王勾践剑，全长不过55.6厘米。一般的青铜剑通常是宽而短的，最长也无法超过60厘米。这种长度的配剑随手就可以抽出，秦始皇怎么可能因为剑太长而拔不出来呢？司马迁的解释，很让历史学家费解。

1974年，考古人员在兵马俑坑中发现了一把十分特别的青铜剑。令人不可思议的是，这把剑的长度竟然超过了91厘米！由此推测，当年秦始皇佩带的很可能就是这种加长版的青铜剑。在刺客紧逼奔跑中，要拔出一米多的长剑，确实不容易。

那么，秦人将剑加长的目的是什么呢？按照19世纪英国古兵器学者理查伯顿的观点，在短兵器格斗中，刺要比砍更有优势，因为它更逼近对手。倘若你的剑比对手的剑长出30厘米，在格斗中显然更容易刺到对方，这很可能是秦剑加长的主要原因。但秦人是怎样做到让青铜长剑不易折断呢？在青铜时代，铸剑的关键是在冶炼时向铜里加入的锡。锡少了，剑软；锡多了，剑硬，但容易折断。对秦剑做的化学定量分析显示：它的铜锡配比让青铜剑的硬度和韧性结合得恰到好处。

由此推测，秦军一定还拥有更强大的兵器。

在消灭了中原六国之后，如何对付剽悍的匈奴骑兵就摆到了秦始皇面前。当匈奴骑手高速冲锋时，传统的步兵很难抵挡。从历史记录来看，一种叫弩的远射兵器很可能在当时的战斗中发挥了主导作用。兵马俑坑中的弩，由于时间太久，弩的木制部分已经朽烂，但完整的遗迹仍可以复原当初的秦弩。与弓不同，秦弩必须用脚蹬，借助全身的力量才能上弦。专家估计，这种秦弩的射程应该能达到 300 米，有效杀伤距离在 150 米之内。

在弩腐烂后留下的痕迹中，考古人员发现了青铜制作的小机械，这些小小的青铜构件就是弩用来发射的扳机。它的设计非常精巧，令人不解的是，秦人为什么不把它做得更简单一些呢？射手完全靠手指的力量把勒得很紧的弓弦推出勾牙，这就需要很大的力气，在击发瞬间，弩肯定会抖动，这就影响了射击的准确性。

秦军的弩机通过一套灵巧的机械传递，让勾牙在放箭瞬间突然下沉，扣动扳机变得异常轻巧。这恰恰是弩对弓的优势之一，拉弓要用很大的力气，时间越长，越难控制瞄准的稳定性。

兵马俑坑中出土最多的青铜兵器是箭头，而这些箭头几乎都是三棱形的。秦军为什么选择这种三棱箭头呢？因为三棱箭头有三个锋利的棱角，在击中目标的瞬间，棱的锋刃处就会形成切割力，箭头就能够穿透铠甲，直达人体。带翼箭头虽然有凶狠的倒刺，但翼面容易受风力的影响，使箭头偏离目标。

秦军的这种三棱箭头取代了翼面，射击应该更加精准了。专家对这些箭头进行了仔细分析，当检测数据出来的时候，研究人员都感到难以

置信。检测结果发现：箭头的三个弧面几乎完全相同，这是一种接近完美的流线型箭头。这种箭头的轮廓线几乎跟子弹的外形一样，子弹的外形是为了减少飞行中的空气阻力，我们有理由推测，秦人设计这种三棱形箭头也是出于同样的目的。秦人凭经验接近了现代空气动力学的规律，这种古老的箭头是早期飞行器当中的范本，与今天的子弹一脉相承。

俑坑中出土的 4 万多个三棱箭头，制作极其规整，数以万计的箭头难道是按相同标准铸造的吗？秦军的弩机之所以如此标准，很可能是为了保证它的每个部件可以互换。在战场上，方便秦军士兵可以把损坏的弩机中完好的部件重新拼装使用。但有专家推测：这种标准化应该还有更重要的目的。秦人很可能先将优选兵器的技术标准固定，然后国家再通过法令将这些技术标准传达到所有兵工厂。

秦军的每种兵器制作都相当精致，青铜剑上有三条 90 多厘米长的棱线，将细长的剑身分成八个面；戈的圆弧部分加工得十分规整；箭头上三个流线型表面也完全对称。

若是某些天才工匠制造出几件这样的兵器还是可能的，但实际情况是，兵马俑坑中的几万件兵器几乎都是这种质量。怎样才能既保证标准，又大批量生产呢？研究人员发现，兵器上刻着一些文字，它们大多是人名，其中出现次数最多的是"相邦吕不韦"。《吕氏春秋》是秦国最重要的一本历史文献，它的编撰者就是秦国的丞相吕不韦。《吕氏春秋》上

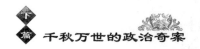

说：物勒工名。意思是，器物的制造者要把自己的名字刻在上面。

这一点透露的是秦国军事工业的管理机密。吕不韦作为内阁总理，是兵器生产的最高监管人。他的下面是工师，就是各兵工厂的厂长，监制这只戈的厂长叫"蕺"。在厂长的下边是丞，类似车间主任，这位主任的名字叫"义"。而亲手制作这只戈的工匠，叫"成"。专家由此推断：秦国的军工管理制度分为四级，从相邦、工师、丞到一个个工匠，层层负责，任何质量问题都可以通过兵器上刻的名字查到责任人。

秦国众多的兵工厂之所以能按照统一标准大批量制作高质量兵器，四级管理制度是根本保证。当世界上大部分地方还处于荒蛮和蒙昧时，秦人就以独特的思维方式和智慧，创造出了那个时代最强大的兵器制造业。

失败的英雄荆轲

荆轲一生只做了一件事，就是从河北来到陕西，行刺当时秦国的最高统治者秦始皇嬴政。这件事最终以失败告终，但是，人们却一直把荆轲看做一个英雄。

荆轲的事迹是因为司马迁的《史记》而流传千古的。在《史记》的《刺客列传》里，司马迁描写了五个刺客，他们是曹沫、专诸、聂政、豫让和荆轲。比较一下这五个人的业绩，其中有成功的、有失败的：曹沫，挟持齐桓公，迫使其归还了被占领的土地；专诸，刺杀吴王僚，成功，自己也被杀；聂政，刺杀韩国宰相侠累，成功，自杀；豫让，刺杀赵襄子，不成，自杀；荆轲，刺杀秦始皇，不成，被杀。你会发现，荆轲竟是最没有成效的一个。

荆轲刺秦完全以失败告终，不但一无所获，而且损失惨重。除了荆轲被杀外，还搭上秦舞阳、樊於期的性命，燕国督亢地区的地图，及后

来燕国遭到的报复，等等。但是，荆轲却成为这五个人中名气最大的一个刺客，有人甚至称他为"中国千古第一侠客"。这到底因为什么？

表面看来，是因为司马迁对荆轲的偏重描写。在《刺客列传》中，描写荆轲的篇幅超过了其他四个人的总和。并且，司马迁在描写荆轲时，笔墨饱含感情，整个过程慷慨悲壮、惊心动魄，从而给人留下了深刻的印象。那么，司马迁为什么要如此偏爱荆轲？

这里面有着更深层的原因，那就是，刺客的地位，是由对手的地位决定的。这也是司马迁的历史观。荆轲的分量之所以超过其他四个刺客的总和，是因为秦始皇的分量超过其他刺客要刺的四个人的总和。恐怕荆轲自己都不会料到，他的生命同中国历史上第一个封建君王联系在了一起。从某种意义上说，荆轲的英雄形象是秦始皇塑造起来的。

两千年来，人们为荆轲刺秦失败而扼腕叹息，纷纷分析这次行动没有成功的原因。有人认为运气不好，荆轲刚进咸阳宫，助手秦舞阳就因恐惧被挡在了门外，荆轲失去了帮手；有人认为荆轲剑术不精，武功欠佳，没有追杀到秦始皇；还有人认为荆轲有贪生心理，没有在"图穷匕见"的第一瞬间向秦始皇下手。说荆轲有贪生我不敢认同，说他想生擒秦始皇倒可能是事实。人们一直以为荆轲来到咸阳宫的目的是为了杀死秦始皇。其实燕太子丹派荆轲到秦国，第一目的是想效仿曹沫挟持齐桓公的事件，荆轲最好也能挟持住秦始皇，逼他归还侵略燕国的土地，若

不行，再刺杀秦始皇。但最终两个目的都没达到，不过这也是正常的，因为这件事情本身的难度实在太大。

世人对荆轲的失败耿耿于怀，是因为大部分人在潜意识里是希望荆轲刺秦能够成功的。然而，假如荆轲真刺死了秦始皇，那时候嬴政还没有统一中国，他只是一个诸侯国的国君，那么，荆轲的名声也就与《刺客列传》里其他刺客一样了。所以，荆轲的英名，正在于他的"失败"。

荆轲刺秦既然影响这么大，对荆轲的评价肯定会众说纷纭。中国古人写了大量的诗歌和散文赞扬荆轲，都称荆轲是英雄，所以对荆轲的第一个评价是侠义英雄。

在中国文学史上，陶渊明写了一首非常有名的诗，叫《咏荆轲》。其中最著名的是这两句话："其人虽已没，千古有余情。"意思是说，这个人虽然已经死了千年了，但是他那种侠肝义胆的精神，仍然在今天流传。还有一个不太出名的诗人写了一首诗："易水悲歌歇，秦廷侠骨香。"还是赞扬荆轲的侠士精神。所以称荆轲为侠士英雄，是中国古代非常普遍的一种看法。当然这个评价主要是停留在道德层面上的。

第二个评价是愚蠢之人。这个评价从何而来，这也是两个很有名的人提出来的。第一个是西汉汉赋四大家的扬雄，第二个批评荆轲的人，是《资治通鉴》的作者司马光。司马光说荆轲被太子丹豢养，然后去刺杀秦始皇，竟然不顾家族被灭族的危险，太愚蠢了。

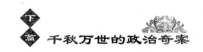

以上两种评价是古人对荆轲的评判，而今人的看法大致也有两种：

第一种看法，太子丹养活着荆轲，荆轲最后没有办法还太子丹这个情，只好拿命来还，所以他是个雇佣军，是受雇于太子丹的刺客。

第二种看法，认为秦始皇的作为，客观上顺应了历史发展的潮流，秦始皇是代表历史发展潮流的英雄。那么荆轲要刺杀他，就是逆历史潮流而动的反动派。

后世对荆轲的评说永远不会停止，但有一点是可以肯定的，就是英雄不是一个，只要是为和平而死的人，为和平献身的人，为和平统一天下的人都可以叫做英雄。

秦朝宦官赵高：指鹿为马缘何起

赵高到底为何方神圣，竟能指鹿为马？秦的灭亡，又与他有何关系？是他将秦朝的暴虐推向顶峰，从而加速了它的灭亡？

 **赵高为何指鹿为马**

一旦宦官获得皇帝的赏识，便开始参预政治，有了侵吞朝臣之权的野心，便要在各种事件中寻求利益，从而实现个人利益最大化或政治野心。

他们可以贪赃枉法，为所欲为。想蒙骗皇帝一个人并不犯难，但要躲过满朝文武大臣的耳目却是难事。文武大臣与宦官向来不和，朝臣们用各种方式抵制宦官，所以宦官参政最大的威胁不是皇帝本人，而是监视与揭露宦官的行为。为了顺利达到自己的目的，宦官们常常观察并试探大臣的态度，认同者便勾结利用，异志者便排挤诛杀，这期间运用了许多政治手腕。

众人皆知的指鹿为马就是由秦朝宦官赵高发明的。赵高是中国历史上有名的驾驭皇帝胡作非为的大宦官，他不仅假造秦始皇遗诏，让公子扶苏自杀，拥立胡亥当了二世皇帝，还教唆胡亥大修始皇陵墓，大兴土木修建骊山宫城，苛征税款，闹得百姓贫苦，天下起义蜂起。赵高一方面用"频见不尊"之说欺骗胡亥，掩盖罪责；另一方面对在朝之臣淫威恐吓，排挤陷害朝中正直官员。

尽管如此，他仍放心不下，于是为了试验朝廷中大臣们对自己的态度，就导演了指鹿为马这出戏。有一天，他让人把一只鹿牵到殿上，呈给秦二世。赵高指着鹿对二世说："陛下，您看，这是一匹多么独特的马啊！"胡亥抬头一看，见眼前站着一只鹿，便说："丞相错了，把鹿当马了。"赵高反驳道："不，这可不是鹿，这确实是一匹马啊，不信您仔细瞧瞧。"胡亥左瞧右看，都觉得自己没错，肯定是鹿而不是马。赵高他见二世皇帝执意认定是鹿，便说："如果陛下认为我说的话不对，请问

一问群臣。"

胡亥便向侍立两旁的群臣道："朕看这是一头鹿，丞相却偏说是匹马，你们说说看是鹿还是马？"群臣们深知赵高的淫威，连李斯丞相都被五刑腰斩，全家灭门，我等怎敢说那是鹿呢？于是很多人都说那是马。赵高一看心里这个得意。可就在这时，有几个不知深浅的大臣仍争执着说这是头鹿。赵高心里默记这几个大臣的名字，因为他一手导演的这场儿戏，正是要用是鹿是马成为区分知己异己的标准，用此小计，赵高就轻而易举摸清了朝臣们对待自己的态度。后来，在赵高的安排下，趁着胡亥不在宫中，便将这几位敢于说鹿的大臣杀死了。

对此招术，明代魏忠贤也玩儿得游刃有余。因他百般讨好献媚，深受熹宗皇帝朱由校的宠信。不久，魏忠贤爬上司礼太监的位置，之后便结党营私，不断迫害政敌东林党人，干出许多罪恶勾当。但一些官员，为了借魏忠贤的势满足自己的利益，便上奏皇帝要替魏忠贤歌功颂德大建生祠。卑颜下贱的浙江巡抚潘汝桢于天启六年六月第一个上疏奏请建立魏忠贤生祠，曰："东厂魏忠贤心勤体国，念切恤民，州县百姓戴德无穷，公请建祠。"朱由校看后马上做出批示："宜从众请，用建生祠。"从此各地上呼下应，建祠之风越演越烈。很快，上自封疆大吏阎鸣泰、刘诏、李精白、姚宗文，下至普通武夫商人都竞相效仿。他们强占民田，拆房毁屋，但因势力强大，寻常百姓无一敢反。由此，把魏忠贤竟塑造

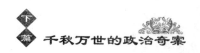

成了一个能文能武的救世主的模样，荒唐至极。

与赵高的指鹿为马相似，魏忠贤把大臣们对待生祠的态度也当成了他们对自己是否忠诚的标准，倡导则忠，反对则异。魏忠贤试探朝臣，乘机培植私党，诛除异己。随着建生祠之风盛行，吹捧奉承之举也越加荒谬。丰城李永祚连上十疏对魏忠贤歌功颂德，被加封为太子太保之号。当时所有奏书都不敢直呼魏忠贤的名字，而称其"厂臣"，皇帝的奖励诏书也都用最高的赞美之词，大字称呼他九千九百岁，可见当时其地位之高。岳鸿举《明代杂事诗》中这样写道："干儿义子拜盈门，妙语流传最断魂。强欲为儿无那老，捋须自叹不如孙。"表现得就是人们对魏忠贤的疯狂崇拜。即使是老态龙钟的礼部尚书顾秉谦，也会捋着长须对魏忠贤说："我本来想做您干儿子的，可惜我的胡须已白了。"于是他让自己的儿子做了魏氏之孙，魏忠贤对此心有狂喜，便赏给顾秉谦文银200两，以示嘉奖。

魏忠贤借用这些手段，在熹宗时期作威作福六七年，成为明代三大权阉之一。他与赵高相似虽及高点，权倾朝野，但还是常常做些指鹿为马的花招试探人心，从此拉拢权臣，排除异己。

"指鹿为马"的宦官

　　争霸中原的历史长达550余年，可在中原统一后，秦朝只短短存在15年，存在的因素大概有二个。一个是外部势力影响，另一个就是朝廷的内在因素在推动。陈胜、吴广、项羽、刘邦这些外部势力对秦朝构成了一定的威胁，但真正的威胁，还是来自于赵高。

　　赵高虽是个宦官，但他还是赵国皇族的远亲。因为赵高的父亲触犯了当时的法律而在秦国服刑，其母亲牵连沦为奴婢，所以才导致了赵高和他的几个兄弟同时被阉割的后果。

　　赵高的父亲是一个文法官吏。秦在当时十分注重世业，子承父业，以更为师是国策。因此，赵高在父亲的指引下，对法学及书法特别在行，这对他以后走上仕途，都有深厚的影响。

　　秦始皇时，赵高深受其信任，被授予"中车府令"的官衔，这个职位，职权范围很广，是具体负责刑狱和法令的制定工作。由于赵高善于察言观色、逢迎谄媚，很快就得了秦始皇的器重，并且他的学问才华确实高人一等。

很快，赵高与胡亥也建立了联系。秦始皇一直对他极为赏识与偏爱，话说有一次，赵高犯了罪，庭审官当场判他死刑立斩。可秦始皇却赦免了他，并官复原职，由此更能看出秦始皇对他的喜爱。

秦始皇在第五次出巡时得病，且病势一天比一天严重，当秦始皇知道自己已经无可医治的时侯，他将赵高唤来，通知他立长子扶苏为太子，并命扶苏先去咸阳为他准备主持葬礼。但赵高清楚，一旦扶苏当上了皇帝，自己必定不会有好下场，因此，一个恶毒的想法诞生了。赵高不但隐满了秦始皇要扶苏回都城主持丧事这事，并且还提出将封锁秦始皇暴毙的消息。

随后，又找到胡亥，劝他取而代之。当胡亥听说自己要当皇帝，野心便动了起来。

李斯在赵高的步步诱导下，向赵高妥协，并与他合谋，改立胡亥为太子，让扶苏自裁，史称"沙丘之谋"。

蒙恬、蒙毅兄弟因得罪过赵高，也被赵高逼死。除掉他们后，赵高又将矛头指击了秦朝的宗室，即胡亥的兄弟姐妹。接着，胡亥又排挤掉了敢于直谏的大臣，将自己的亲信安插其中。

面对皇帝失德、臣民失心的种种局面，李斯心急如焚。他要面见胡

亥，可多次都被赵高拦在门外。后在赵高的严刑逼供下，招了假供，说自己有谋反之心，本以为胡亥会赦免他，没想到，终落得腰斩的下场。

从此，朝中再无人能与赵高抗衡。后在赵高的指使下，胡亥自裁。赵高本想自己登基，可文武百官皆不从，只被迫将扶苏长子子婴扶为天子。子婴在当太子期间，目睹了朝庭的种种变故，于是即位后派人将赵高砍死，并诛灭赵高三族。

秦王子婴六年十月，投降于刘邦，一个月以后，项羽将子婴杀死。子婴共在位46天。

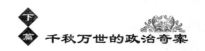

 赵高是怎么死的

指鹿为马一事后，赵高将信徒安插在重要位置；将忠贞之臣铲除掉，从而更进一步巩固了自己的权威。然而，咸阳城外，陈胜、吴广起义被镇压后，项羽、刘邦领导的反秦义军以更加迅猛的势头继续战斗。项羽将秦大将王离擒住。章邯又率 12 万大军投降。六国旧贵族见机纷纷自立为王。刘邦带着数万兵马进入武关，并派人暗中与赵高联系，希望赵高能作内应。赵高怕胡亥知道事情的真相后会害死自己，便自此称病不上早朝，暗地里却盘算着乘乱夺位之事。

章邯的倒戈，给了摇摇欲坠的秦朝沉重的打击，胡亥认为自己再也不能坐视不管了，他开始寝食难安，惶惶不可终日。他派使者质问赵高："丞相不是直说盗贼不能成气候吗，今天怎么会到了这种地步？"赵高听了大惊失色，知道二世已经对自己产生了怀疑与不满，自己必须要先动手了。于是他秘密与弟弟赵成、女婿阎乐商议对策，制定了弑君政变的

计划：由阎乐率领手下士兵装扮成农民军攻打望夷宫，赵成作为内应，赵高负责指挥全局。

一切安排妥当后，赵成便在宫内散布谣言，说宫里来了盗贼，命令阎乐发兵追击，致使宫内防守空虚。同时，阎乐一边派遣部分亲兵，化装成农民军，将自己的母亲暗中送到赵高家中，一边又率千余人以追贼为名直逼望夷宫。他们冲到宫门前，大声向守门官吼道："强盗进了宫门，你们为何不抵挡？"守门官莫名其妙，问："宫内外禁卫森严，怎么会有贼人进宫呢？"

阎乐不管这些回答，直接杀死了守门官，冲进望夷宫里。见人就杀，一时宫中血肉横飞，胡亥见状吓得目瞪口呆，直到赵成与阎乐走进来，才明白是怎么一回事。胡亥又惊又怒，急召左右护驾，但侍从们早已溜之大吉，只有一个宦者站在身边。他揪住宦者的衣衫，大叫着："为什么没有保护我？我该怎么办？"宦者道："这是你自找的！"胡亥一听，垂头丧气，今日的这个局面，的确是他咎由自取的。

这时，阎乐已经冲到胡亥面前，胡亥颤声道："朕乃真龙天子，你敢弑君！"阎乐可不管这些："你就是个无道暴君，搜刮民膏，残害忠良，天下人人得而诛之！"胡亥听后，又道："朕要见丞相！"阎乐一口拒绝道："不行！"胡亥仍不死心，乞求道："给我一个郡王当吧？万户侯也行？"阎乐不同意。胡亥便又说道："那留我一条命吧！"阎乐说：

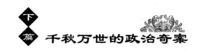

"我奉丞相之命，为天下铲除暴君，快快自裁吧！"此时的胡亥，才知道，原来自己竟是被身边最信任的人出卖了！可现在后悔都来不及了，只能拔出长剑，草草地结束了自己短暂的一生。

阎乐向赵高报告，胡亥已死，赵高欣喜若狂，便想自己为帝。但文武百官皆不从，赵高顿觉天旋地转，他这才感到自己失败了，只得临时改变主意，将玉玺传给了子婴。

子婴早已了解赵高的为人，明白自己即使当皇帝，也不过是一个傀儡而已，便与自己的贴身宦官韩谈商定了斩除赵高的计划。

正式登基那天，子婴推说有病，赵高只得亲自去请。等赵高一到，宦官韩谈一刀就将他砍死。子婴随即召群臣进宫，历数了赵高的罪孽，并诛其三族。

政权之变：秦二世夺权疑案

大秦帝国为何只存在短短十几年？秦二世胡亥是如何夺权篡位的？赵高是宦官还是人才？是谁让秦帝国走向毁灭？本章用各历史真相，使一段秦末群雄竞逐的场景再现在读者面前，其中韵味，请君自赏。

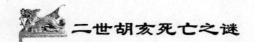 二世胡亥死亡之谜

胡亥一登上帝王宝座，就想一劳永逸，永享安乐。有一次胡亥兴冲冲地对赵高说："人这一生啊，就像百驹过隙。即然我当了皇帝，我就

要享尽荣华富贵，爱卿你怎么看？"这话正合赵高心意，从此赵高只负责如何让胡亥享乐，而自己则更大胆地开始专权之路了。

获得了赵高的支持胡亥依然不放心，他又向李斯询问："爱卿，我如何才能长久地享乐呢？我听韩非子说过，尧在治理天下的时候，住的是茅草房，吃的是野菜汤，冬天穿鹿皮御寒，夏天穿麻衣避署；禹治水时，东奔西跑，累得大腿掉肉，小腿脱毛，最后客死异乡。只有那些穷酸的书生才提倡要勤俭的生活吧，帝王等这些贤者是不会希望过这种日子的。既然当了天子，天下的一切都是我的，我可以随时享受，这才叫富有！自己一点儿好处也没有，怎么能安心治理天下呢？我就是想这样永远享乐天下，爱卿你有什么良策吗？"

李斯怕胡亥只听从赵高的话，而使自己失宠，于是向胡亥写了一篇文章讲述如何独断专权、酷法治民的治国方法——用督察与治罪的方式来巩固中央集权，用酷刑严惩百姓的反抗与违法。李斯所献计谋正是他的法律观念，而秦朝的灭亡也宣告了这种法家思想的历史性"破产"。

有了李斯的方法，胡亥便开始放纵起自己的欲望来。他大量征发农夫修造阿房宫和骊山墓地，调集五万士卒来守卫京城咸阳，同时对各地征集粮草供给咸阳，而且禁止运送粮草的人在路上吃咸阳周围三百里以内的粮食，必须自己带粮食。除了常年的这种无偿劳役外，农民赋税的重担也日益严重，最终爆发了陈胜吴广起义。陈胜吴广起义后，其他各

地起义相继爆发，被秦国灭掉的六国后裔们又重新打出各国旗号开始反秦，称王割据的现象不计其数。周文，陈胜的属将之一，又领兵十万直奔函谷关，秦的末日终于要来了。

秦二世胡亥根本不相信现在的危险局面，他认为现在一定是天下太平。在一次讨论是不要是发兵镇压起义时，胡亥竟然不知道有"反叛"的事，发兵也就更没什么必要了。叔孙通了解胡亥，便奉承道："他们说的天下反叛根本就不可能发生，先皇早把城墙拆毁了，天下兵器也被熔铸了，有您这么个高明的皇帝主持天下，有那么严明的法令行于天下，国家一定是安定的，人民一定是富足的，谁还会造反呢？现在陈胜这些人不过是几个盗贼罢了，地方官也正在积极追捕，现在还请陛下尽管放心，不要听信一些人的胡言乱语。"

胡亥听了此话，更是放下心来，直夸叔孙通说得妙。随后他又问其他人，如果有人说陈胜是"盗贼"，他就不了了之；如果有人说陈胜是"造反"，他就治这人的罪，因为说"造反"等于说天下大乱，罪名是"非所宜言"罪，就是说了不应该说的话。这种罪实质上是一种典型的封建专制刑法，后来秦朝虽然灭亡了，但之后的很多朝代都沿用了这种罪名，以此来维护君主专制制度。

再说回赵高。赵高为了达到自己真正专权的目的，对胡亥说了一大通听似很有"道理"的话，大意就是说因为胡亥年轻，经验不足，因此，就应该少和大臣们见面，以免在大臣们面前暴露自己的弱点。这样自己身在深宫中只要听取赵高的汇报，有他们这些"栋梁之才"来辅佐，国家就会治理得很好。胡亥一听此言有理，并且他也十分乐意待在后宫中享乐。从那以后，胡亥不再"早朝"，朝中大小政事都由赵高一人来把控。

赵高虽然大权在握，但他也怕大臣们联合起来反对他，因此他精心策划了"指鹿为马"的政治事件。

"指鹿为马"一事过去后，赵高把得罪他的大臣们"处理"好，一切平和时，胡亥却出事了。他认为自己得了迷惑病，于是叫来太卜掐算，太卜却瞎说是因为胡亥祭祀时斋戒不好引起的。于是胡亥便到上林苑里重新斋戒，可又是只坚持几天，便又享乐开了。一天，胡亥将误入苑中的人当场射死，赵高知道后借题发挥，先让他的女婿阎乐上奏说，不知谁杀了人，将尸首扔到了苑中。然后赵高又装模做样地对胡亥说，皇帝是天子，射死了无罪的人要受上天的惩罚，同时鬼神也会奉命降灾。胡亥听后很害怕，赵高趁机叫他到别处的行宫暂时躲一躲，胡亥很信任赵高，便听从了他的建议，赵高在朝中俨然皇帝一般。这时的胡亥并不了解天下的真实情况，直到陈胜的大兵逼近了都城咸阳，他才着了急，并听从了章邯的建议，让他率领从骊山释放的刑徒出战。这些刑徒常年从事体力劳动，身体精壮，又是刚刚被释放，士气很高，在勇将章邯的率

领下，确实打了很多胜仗，并战胜了陈胜和项梁的部队。但后来，却败在了项羽的手里，章邯向胡亥求救兵增援，但赵高拒绝发兵。无路可走的章邯最终投降了项羽。章邯一走，秦军便不堪一击，秦朝社稷危在旦夕。

直到这时，胡亥才醒悟过来，原来赵高说的"天下太平"竟是谎言，胡亥对赵高开始不满起来。但没等胡亥有所行动赵高就先动了手，死在了奸臣赵高手中。

胡亥只当了 3 年的皇帝，死时只有 24 岁，后来墓在杜南（现在西安西南）的宜春苑中。

秦二世胡亥和始皇帝嬴政一样没有谥号和庙号，这是因为秦朝实行中央集权制，维护君主的绝对权威，禁止臣下对君主议论评价。直到汉朝，治国思想由法家变成儒家，谥号和庙号才开始出现。

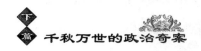
秦二世为何不能成为有道之君

　　秦是中国历史上第一个实现大一统的国家，秦二世胡亥作为亡国之君在秦灭亡后的一段相当长的历史时期里一直被世人视作反面典型，以警策当政者。胡亥的历史影响与其父秦始皇的影响不相上下。秦迅速崛起，又迅速覆灭，司马迁更以犀利的笔触向后人勾勒出胡亥的暴君、昏君、亡国之君的形象，呼之欲出于笔尖。《秦始皇本纪》《李斯列传》《蒙恬列传》中都可见对胡亥的描写。本章也试从以下几方面对由秦二世胡亥引发的历史现象进行探讨。

　　秦始皇有子二十余人，却单单宠爱胡亥。这一点可以从秦始皇出巡天下时只胡亥他一人同行看出。那么，在胡亥接受教育问题上，也应格外受重视。赵高就自称"受诏教习胡亥数年"。汉人贾谊说："使赵高傅胡亥，而教之狱，所习者，非斩劓人，则夷人之族也。故今日即位，明日射人。忠谏者，谓之诽谤；深为之计者，谓之妖言。其视杀人若艾草

菅然。"意思就是赵高教什么，胡亥就学什么，这话有其片面性，完全否定了胡亥所受的教育精华。秦始皇方崩，赵高就怂恿胡亥篡立。在这种重大的机遇面前，胡亥的最初反应是："废兄而立弟，是不义也；不奉父诏而畏死，是不孝也；能薄而材谫，强因人之功，是不能也；三者逆德，天下不服，身殆倾危，社稷不血食。"意思是不可能的事。即使被赵高说动了心，胡亥仍以为："今大行未发，丧礼未终，岂宜以此事干丞相哉！"可见，正统伦理观念已深入胡亥骨髓，对其教育者不可能只有赵高一人，尽管胡亥也被赵高教唆得要篡位了。那么，贾谊所言赵高所授是否只是残暴呢？答案是否定的，至少其劝说胡亥篡立的言辞不支持这一点。赵高根本没用什么激进之言劝他，完全是出于公义，诱导胡亥入其彀中。他说："臣闻汤、武弑其主，天下称义焉，不为不忠。卫君弑其父，而卫国载其德，孔子著之，不为不孝。夫大行不小谨，盛德不辞让，乡曲各有宜，而百官不同功。故顾小而忘大，后必有害；狐疑犹豫，后必有悔。断而敢行，鬼神避之，后有成功。愿子遂之。"从这里可以看出，胡亥自己在当时对这些人的事迹是清楚无误的，也有可能愿意去成为对国家和人民有贡献的贤主。由上可知，在正式成为掌权人之前，胡亥完是在圣贤教育体系下塑造成功的一个典型。

也就是说，赵高所授内容，包括了圣贤之言。事实上，赵高的教习内容不是贾谊所认为的那样完全是刑律。《秦始皇本纪》就明确说"赵高故尝教胡亥书及狱律令法事"。这里的"书"有前贤著作之意。践位之后，胡亥能熟练引用韩非子之言，或封堵臣下的劝谏，或要求臣下迎合自己。此种种现象，均表明胡亥所受的教育相当系统，其所学也相当深入。韩非子是先秦法家的代表人物，荀子的学生，儒学是他的根基。他宣扬的为君之术，是要在秦始皇的欢心下，推行自己的政治主张。这种行为模式在战国时代非常普遍，目的相同，所有的差别只是进言的内容不同罢了。

秦始皇在对其子嗣的教育中，推行的完全是正统的道德伦理学说。胡亥又因为极得秦始皇的宠爱，其受这类教育的深度和广度尤为深重。尽管如此，胡亥也没能成为一个有道之君，在他主政的 3 年时间里，没有发现一条有道的执政记录。可以说胡亥只是从思想上接受了系统的历代圣贤激励教育，但从来没有转化为行动力。

胡亥在位的 3 年，最早他也不是立刻荒淫起来的，但坐上了天子的宝座，欲望便相应而来，这不仅是自身的需要，也有周围人的推动及社会的影响。贾谊在《过秦论》中提出："天下之嗷嗷，新主之资也。此言劳民之易为仁也。"说明社会对新君有所企望，而胡亥所处的环境中，似乎也是可以有所作为的，只是这种有所作为的冲动，在放纵声色的本能面前显得太渺小了。司马迁记下了胡亥的这一质变过程。胡亥登基之初，还考虑要做一个让天下人服气的皇帝，如厚葬秦始皇、东巡勒石、

加速修建阿房宫等，这都是为了一个愿望，即不让天下人小觑于他。甚至还效仿其父秦始皇穷兵黩武，为的是增加自己的威望。但自从胡亥真的当上了皇帝，他就在欲望无底的权力中，彻底失去了自控力。并且由于良好的传统道德教育，使他很容易从传统文化中找到支持自己放纵的理论依据，使得大臣们哑口无言。

正是有了类似的理论为后盾，胡亥的放纵享乐便日益不可收拾，并且放纵得理直气壮、有恃无恐。透过胡亥这个典型案例，我们可以肯定，历史上出现过的荒淫之君，大体上都受到过良好的传统道德教育，而这类教育，却没能阻止他们成为无道昏君。这个事实表明，只靠良好的教育，并不能有效地抑制人性中放纵的本能。只有在有效的法制约束下，才能使君主的所为有所抑制，才能使社会更稳定、更繁荣。

权力对人性恶的影响

胡亥堕落之快，不仅丞相李斯这个为他登基付出了巨大努力的人始料未及外，或许连他自己也不可能想到。能反映胡亥早期生活的材料不多，只有贾谊提到过："二世胡亥为公子，昆弟数人，诏置酒飨群臣，召诸子赐食先罢。胡亥下陛，视群臣陈履状善者，因行践败而去。诸侯闻之，莫不太息。及二世即位，皆知天下之弃之也。"意思是胡亥将别人陈列整齐的鞋子故意弄乱，但这件事只能说明他很顽劣，品性也不一定卑劣到哪去。而这唯一的记载，又因为那时的汉人说话一向不严谨，其可信程度并不高，所以也不具有多大的信服力。从秦始皇初崩、赵高向李斯竭力举荐胡亥为太子的言辞可以看出，胡亥早期的品行应该是无可指责的。赵高说："皇帝二十余子，皆君之所知……高受诏教习胡亥，使学以法事数年矣，未尝见过失。慈仁笃厚，轻财重士，辩于心而讷于口，尽礼敬士，秦之诸子，未有及此者，可以为嗣。君计而定之。"意思是胡亥公开的形象很棒。而李斯对胡亥的人品也不可能一无所知，否则，

他就不可能完全听信赵高的一面之辞，作出废长立幼的大逆不道之事来。另从前面所引胡亥不听从赵高谋逆之说辞来看，胡亥也算是个循规蹈矩之人。这就与赵高向李斯描绘胡亥的形象相吻合。

因此，胡亥日后的诸般恶习在其践位之前没有露出丝毫痕迹。也说明胡亥不仅很善于掩饰，而且在权力得到完全释放后，人性的表露有多可怕。皇权的绝对重压下，循规蹈矩是臣子的唯一选择。即使品行卑劣的人臣十分受宠，也只能将其罪恶欲念深深掩藏。忽然有一天，这种令人窒息的重压不仅消失殆尽而且由自己掌控，可以施之于人时，其对人行为的冲击力是不可想象的。就胡亥而言，原本蛰伏于本性中的恶迅速加倍放大，释放出来时令人瞠目结舌。如贾谊所说"非斩劓人，则夷人之族也。其视杀人若艾草菅然"的场景也终于出现了。

这种恶习绝不是师长所能教授，完全是与生俱来的。赵高之流也只是导引索而已。真正起主导作用的，只能是胡亥自己。因地位产生了重大变化，胡亥的心理也发生了质变。胡亥一当了皇帝，本性就得到释放，而且释放得毫无顾忌，使得天下大变，想来，当秦始皇的儿子，也不是那么容易的了。

为了清除他人对皇位的威胁，胡亥发起了一场针对诸公子与大臣的大屠杀。对于这场杀戮的动因，司马迁给出了两种不同的记载：其一，胡亥欲寻欢作乐时接受赵高意见而大开杀戒；其二为胡亥自己对权力的担心。后一种动因，足以暴露出胡亥的本性恶的程度。这一事件表明，胡亥为巩固权力而无所不用其极。而且，骄奢淫逸与残暴存在内在联系。历史上所有暴君的心理共识及行事准则就是，谁阻挡我行乐的路，我就要了谁的命。从此，胡亥为了一逞己意，不断使用暴力。一旦恶具有了功利的成分加入，其程度和规模都会成倍地放大，而令整个社会为之颤栗。这一切事件表明，胡亥从此开始行暴政了，直到覆灭。

由于人性中的恶，使得胡亥将皇帝的权力简化为放纵后的暴政。原本，处于帝王位的天子，会有律法惩戒，道德约束，大臣们的规劝，但胡亥对此置若罔闻，甚至到了陈胜起义烽火遍及天下的时候，也不为所动。朝中老臣，如丞相李斯、去疾，将军冯劫都试图对胡亥规劝，但却被胡亥所不能容忍。惹恼了胡亥的后果就是——杀。胡亥的暴戾，已使得尽心竭力的臣子无能为力了。

胡亥将一种暴政气氛推向了极致，其结果就是秦亡，对此，他要负主要责任。但臣子就无任何错了吗？由于秦始皇对传统的蔑视，使得传统说教的地位与日俱降，在这种前提下，产生暴政的理论基础就由臣子们提供了。早在秦始皇统一天下之初，为了推行极权统治，李斯就提议以吏为师。这是指广泛的社会生活。李斯的这个主张之所以被秦始皇所采纳，完全是因为这些主张符合秦始皇的本心。而在这个前提下，使得朝廷政治生活顺理成章地以君主的个人好恶为是非。投君主之所好，本

身就是自战国以来知识分子的主要出路之一，无论是合纵、连横，还是尊法尊儒，都是瞅准了当权者的内在需求。这些有知识的人如果将自己的主张与当权者的好恶有效地结合起来，他们不仅在满足当权者需求的同时，也取得了自己要想的功名利禄。

胡亥放纵享乐和加大暴政的力度后，关东烽火遍地，但秦二世丝毫不知，继续淫乐。而因这种淫乐增大了开支，就势必要加倍地压榨百姓。也就是说，一切暴君的荒淫，都是靠暴政支撑着的。荒淫是人性中最易诱发的恶，只要没有约束，荒淫就会发展到无耻的地步。以陈胜为首的农民起义，就是暴政压榨的结果，也成为中国历史上改朝换代的最有力量的工具。靠此当上皇帝，如有不慎，也会被此推翻。

也许胡亥还有另一种痛苦，就是他想超越秦始皇，这也是赵高诱使胡亥篡权的动机之一。每个人在内心深处都藏有渴望崇高、伟大、成功的内在冲动，胡亥当然也不会例外。当他君临天下之后，发现要超越其父秦始皇根本就是不可能的事。对此之前，他完全没有心理准备。现实让他深受挫折。而身为皇帝，要宣泄这种痛苦，要数荒淫无道最为方便简捷。这不仅是对整个社会的惩罚，也是对他自身企求崇高的反动。这种结果是变本加厉地荒淫施暴。于是，历史就不断重演着这种怪事：人性中的恶，使统治者荒淫无道；荒淫无道后的挫折感，又使其更深陷其中。如此一来，直到灭亡。

过分的利己主义毁灭了秦二世

　　身为皇帝，本身的行为准则，是有一套传统认定的，即按照历史上有名的明君，如尧、舜、禹、汤、文、武、周公那样去做，这一点也是没有任何疑问的。前贤论述、先帝教诲、相傅传授均不在少数，都是为君之道的共识。但在胡亥这里，这些传统行为准则，都是错的，他认为有道之君，就应该像他这样专心享乐，随心所欲享乐。

　　事实上他也正是这样做的。为此，胡亥还为他的荒淫无道找了理论依据：对外可堵塞群臣之口，对己则能坚定这样荒淫的信念。

　　例如在他责备企图劝谏他的丞相去疾等人时说："吾闻之韩子曰：'尧舜采椽不刮，茅茨不剪，饭土塯，啜土形，虽监门之养，不觳于此。禹凿龙门，通大夏，决河亭水，放之海，身自持筑耜，胫毋毛，臣虏之劳，不烈于此矣。'凡所为贵有天下者，得肆意极欲，主重明法，下不敢为非，以制御海内矣。夫虞夏之主，贵为天子，亲处穷苦之实，以徇百

姓，尚何于法？朕尊万乘，毋其实，吾欲造千乘之驾，万乘之属，充吾

号名。且先帝起诸侯，兼天下，天下已定，外攘四夷，以安边境，作宫

室以章得意，而君观先帝功业有绪。今朕即位，二年之间，群盗并起，

君不能禁，又欲罢先帝之所为。是上毋以报先帝，次不为朕尽忠力，何

以在位？"

再如他在应付丞相李斯的劝谏时说："吾有私议，而有所闻于韩子

也，曰：'尧之有天下也，堂高三尺，采椽不斫，茅茨不剪，虽逆旅之

宿，不勤于此矣。冬日鹿裘，夏日葛衣，粢粝之食，藜藿之羹，饭土匦，

啜土铏，虽监门之养，不觳于此矣。禹凿龙门，通大夏，疏九河，曲九

防，决淳水，致之海，而股无胈，胫无毛，手足胼胝，面目黎黑，遂以

死于外，葬于会稽，臣虏之劳，不烈于此矣。'然则夫所贵于有天下者，

岂欲苦形劳神，身处逆旅之宿，口食监门之养，手持臣虏之作哉？此不

肖人之所勉也，非贤者之所务也。彼贤人之有天下也，专用天下适己而

已矣，此所以贵于有天下也。夫所谓贤人者，必能安天下而治万民。今

身且不能利，将恶能治天下哉！故吾愿赐志广欲，长享天下而无害，为

之奈何？"

如此一说，胡亥算得上昏君中的理论高人了吧。他对自己荒淫有理，

阐述得合情合理，因而大臣们在这种屈从下，不仅帮助胡亥"恐固"他

的荒淫秽，更完善了他的理论依据。有了大臣们的这种支持，历代昏君

们在荒淫无道的同时，是不会有丝毫的愧疚之感的。这就是典型的封建专制的君臣相处模式。

当然，胡亥的这种"理论素养"也离不开大臣们对他的灌输与补充，胡亥对此也选择性地采纳。如李斯让其不要耽于声色，赵高就立刻提供相反的建议，赵高说："五帝、三王，乐各殊名，示不相袭。朝廷下至人民，得以接欢喜，合殷勤。非此，和说不通，解泽不流，亦各一世之化。度时之乐，何必华山之骥耳而后行远乎！"这些话正中热衷享乐的胡亥下怀，胡亥立即将其转化为自己享乐的重要支柱。因胡亥暴戾成性，大臣们也不得不揣摩他的脾胃，说些中听的话投其所好。还比如李斯子守三川，而陈胜部将周章逾三川入函谷关击秦，为了逃避胡亥的追究，李斯说了一大通讨好的话："明主圣王之所以能久处尊位，长执重势，而独擅天下之利者，非有异道也，能独断而审督责，必深罚，故天下不敢犯也。今不务所以不犯，而事慈母之所以败子也，则亦不察于圣人之论矣。夫不能行圣人之术，则舍为天下役何事哉？可不哀邪！且夫俭节仁义之人立于朝，则荒肆之乐辍矣。谏说论理之臣开于侧，则流漫之志诎矣；烈士死节之行显于世，则淫康之虞废矣。故明主能外此三者，而独操主术以制听从之臣，而修其明法，故身尊而势重也。凡贤主者，必将能拂世摩俗，而废其所恶，立其所欲。故生则有尊重之势，死则有贤明之谥也。是以明君独断，故权不在臣也。然后能灭仁义之涂，掩驰说

之口，困烈士之行。塞聪揜明，内独视听。故外不可倾以仁义烈士之行，而内不可夺以谏说忿争之辩。故能荦然独行恣睢之心，而莫之敢逆。若此，然后可谓能明申、韩之术，而修商君之法。法修术明，而天下乱者，未之闻也。故曰'王道约而易操'也，唯明主为能行之。若此则谓督责之诚，则臣无邪，臣无邪，则天下安。天下安，则主严尊，主严尊，则督责必，督责必，则所求得，所求得，则国家富，国家富，则君乐丰。故督责之术设，则所欲无不得矣。群臣百姓，救过不给，何变之敢图？若此则帝道备，而可谓能明君臣之术矣。虽申韩复生，不能加也。"大意是帝王之道，就应建立在天下人恐惧的基础人上，民不怕则王不存。李斯这一席胡言献上，等于将秦二世胡作非为的所有顾忌全部解除。由于当时秦军反击得手，战事正向着有利于朝廷的方向发展，因此秦二世就更加变本加厉地施暴享乐，百姓的生活也就陷入了更加水深火热之中。当然，李斯的下场也不会好，最终因为干扰了秦二世的享乐被治罪处死，名义是谋反。

秦二世在位虽短短三年，他最大追求是从篡立前的要比他父强为憧憬，转变成唯享乐是务，并彻底葬送了秦始皇朝。用荒淫无道来评价他这三年，一点儿不为过。论其智力，他在常人之上；论其权势，他独掌大权。胡亥自登基之日起，他所关心的重点，就是享乐和控权。胡亥登基之初开始东巡，厚葬秦始皇、续建阿房宫，在享乐的同时，树立自己的外在形象；他下令对公子、大臣进行大屠杀时，又听从赵高之计出京巡幸，以避残暴之名，免得落人口舌；当丞相去疾、将军冯劫等大臣提议减轻赋税、停修阿房宫而大拂胡亥之意时，他为了逼死二人，找了其他罪名放在二人身上，这还是他不想破坏社会期待的明君形象。由于胡亥以明主自居，任何与此相左的言论他都不喜欢。例如陈胜初反时，前线来使如实通报形势，却被秦二世治罪，这就逼着大臣们报喜不报忧，自欺欺人。以至于陈胜领兵攻到国都附近时，胡亥才意识到局势的严重性，急忙遣将剿伐。尽管胡亥总是误事，但他从未放松过对权力的控制。

胡亥对权力的牢牢控制，得益于他所受到的传统教育。《韩非子》一书就用相当篇幅谈御下之道；赵高为胡亥献策时也多有这方面的内容，不仅如此，胡亥自己还掌握了一套对臣下的平衡术。他同时倚重赵高、李斯，使此二人相争，自己则处于中间地位，这样自己便可沉溺于享乐，不问朝事了。这正是：臣下不和，皇帝便可高枕无忧。胡亥对这二人的矛盾十分留意，并耐心十足。因此，尽管他倾向赵高更多一些，但赵高说李斯谋反，胡亥并不急于将李斯法办；李斯进谏称赵高不忠，胡亥也未置可否。从中不难看出胡亥的平衡术。以胡亥之暴虐，如果不是刻意制造矛盾，他的这种耐心反而是无法理喻的了。正是出于这个原因，在李斯入狱痛诋胡亥的罪状时，胡亥也没有立即将他处死。直到李斯经受不起赵高的严刑拷打，承认谋反时，胡亥才下决心斩了李斯一门。这也

意味着胡亥最终还是中了赵高的计。死于赵高手中的李斯，使得胡亥精心调护的这对冤家自然解体，矛盾也就瓦解了。但直到最后，胡亥的大权仍未旁落，只是他过于沉溺于享乐，让赵高有了可趁之机。因此可以这么说，胡亥在面对陈胜起义的问题上缺少办法，但在驾驭朝廷权力方面还是很有一套的。

尽管李斯在秦二世胡亥面前没少说赵高的坏话，但他认为赵高是宦者，值得信赖。他会解释说："何哉？夫高故宦人也。然不为安肆志，不以危易心，洁行修善，自使至此。以忠得进，以信守位，朕实贤之，而君疑之，何也？且朕少失先人，无所识知，不习治民，而君又老，恐与天下绝矣。朕非属赵君，当谁任哉？且赵君为人精廉强力，下知人情，上能适朕。君其勿疑。"

这段话有两个意思，一是不仅明确了赵高的宦官身份，也表明宦官为人主所信赖的原因。宦官无子孙以继其业，故能死心踏地为人主效力。这就是中国历史上宦官专权层出不穷的原因。在赵高的宦官身份上，历来有不小的争议，很多史学家并不承认赵高是宦官，但赵高的宦官身份不仅有秦二世的认定，也有他本人的承认，如在沙丘之谋时，赵高自称其"固内官之厮役"。更有《樊郦滕灌列传》为证。刘邦不见群臣，樊哙闯宫，称，陛下"不见臣等计事，顾独与一宦者绝乎？且陛下独不见赵高之事乎？"这些都可以表明，赵高是宦官。但胡亥在赵高身上的确犯了个错误，因为赵高的宦官并非真正意义上的宦官。根据日后其婿阎乐参与杀害二世，表明赵高的宦者身份是成年后所得。据《蒙恬列传》记载，赵高因犯法，受处罚，执行者为蒙毅。以秦律之重，赵高所犯过失可以判死罪，但秦始皇怜惜其才能，饶其不死，其所受刑罚或许就是宫刑，这也就是其宦官身份的由来。而胡亥正是忽略了赵高的本来面目，认定他当时的宦官身份，故尔产生了认识的偏差，最后不仅杀掉了李斯，还使得赵高独揽大权，最终被赵高杀害于望夷宫。可悲可叹，又不意外。

附　录

阿房宫谜案

阿房宫因为在秦朝末年的战火中早已消逝，因此，今天的我们只能从杜牧的《阿房宫赋》里一窥这座中国最早的皇家园林的面貌："六王毕，四海一；蜀山兀，阿房出。覆压之百余里，隔离天日"，"五步一楼，十步一阁"。留给了后人无尽的猜想，也留下了许多谜团。

公元前221年，秦王嬴政建立起庞大的秦帝国，随后他以举国之力开始了三项巨大的建筑工程：长城、始皇陵与阿房宫。两千多年后，人们亲自目睹了长城的雄伟和始皇陵的肃杀，然而阿房宫却因为战火而离开了人们的视野。而且史料中对如此规模庞大的阿房宫竟然没有太多记载，于是，在历代建筑师的眼中，阿房宫的设计图成为了一个可望而不可及的秘密。

后代的工匠只能在残存的资料中找寻战国时期建筑的种种特点，通过旁证的方法复原阿房宫的旧貌。据推测，当时的阿房宫建筑主要是台榭式的高台建筑。只是到底是几层台，台上边的建筑群怎么分布，一共有多少座，具体位置在哪儿，每一座有多大等，这些具体数据却无法得知。

一位清朝画家根据杜牧的《阿房宫赋》画了一幅《阿房宫图》，可是画中的亭台楼阁却更像是当时圆明园和其他清代皇家园林里的建筑，让后人很难相信这就是传说中的阿房宫。

阿房宫是宫殿还是宫苑？2002 年，中国社会科学院考古研究所的考古人员进驻陕西，开始了为期五年的阿房宫考古。

结果发现：阿房宫其实是坐落在战国秦上林苑内的一座大型宫殿，而这里也是汉代上林苑故地。对此《史记·秦始皇本纪》也有明确记载："（秦始皇）乃营作朝宫渭南上林苑中，先作前殿阿房……作宫阿房，故天下谓之阿房宫。"

上林苑是秦汉时期的皇家园林，它从春秋战国时期的皇家苑囿发展而来，是中国最早的皇家园林之一。园林里大片的森林草场和成群的野生动物供王侯贵族们狩猎，同时也有一些离宫式的宫殿建筑。

2004 年末，在位于阿房宫前殿遗址西 1150 米处的上林苑 1 号建筑遗址曾经发现了一座宫殿建筑遗址，那是战国秦上林苑的高台宫殿建筑遗址之一，但它并不是属于阿房宫的建筑，是在秦统一六国以前建成的。

甚至有专家认为，阿房宫本来就是一座宫苑合一的宫殿建筑，其宏

伟建筑不过也是秦代皇家园林整体中的一部分，它和明清紫禁城不是一个概念。

对阿房宫的遗址发掘仍然在进行之中，无论历史真相如何，能够肯定的是，阿房宫及其所在的秦汉上林苑代表了中国宫殿建筑和园林建筑的第一个高峰。

考古工作人员对现存的秦代阿房宫前殿遗址进行了"地毯式"的全面勘探，却没有发现秦代宫殿建筑的遗迹，更没有发现被大火焚烧的建筑遗存。于是我们开始疑惑：阿房宫真的被项羽烧了吗？

"楚人一炬，可怜焦土"，虽然杜牧的《阿房宫赋》将阿房宫的突然消失归咎于楚霸王项羽，可是根据考古队的最新发现，这种说法可能完全是诗人的一种臆想。

考古专家们在阿房宫前殿遗址的 20 多万平方米的范围内仅仅发现了几小处红烧土的痕迹，显然不足以证明阿房宫曾经经历过大规模的火烧。而且传说中的阿房宫被项羽放火焚烧事件，在《史记》中也没有记载。但是，《史记》中却有项羽"烧秦宫室，火三月不灭"之说。而在此前，考古工作者在秦都咸阳对第一、第二、第三号宫殿建筑进行发掘时，发现了宫殿建筑遗址被大火焚烧的痕迹。由此看来，项羽当时焚烧的应是秦都咸阳宫或其他秦宫室。

也许有人会猜测，2000 多年中无数次风霜雨雪的侵袭，会不会早就把大火留下的痕迹抹去了呢?

为了更确切地了解被焚毁的遗址究竟是什么样子,阿房宫考古队来到了汉代长乐宫的遗址。这里曾经是汉武帝母亲的居所,是汉朝首都长安城中最为华美的宫殿之一。相传 2000 多年前,长袖善舞的阿娇就在这里遇到了年轻的汉武帝刘彻,成就了"金屋藏娇"这样一段流传千载的风流韵事。然而,东汉末年,长乐宫连同汉代其他宫殿,都没逃过被焚毁的命运。2000 多年过去了,火烧过的痕迹仍然历历在目。这一发现再次证明阿房宫应该没有经历过焚烧。

也有专家认为,司马迁在《史记》中之所以不说清楚到底烧的是秦王的哪一个宫殿,是一种聪明的做法。作为史学家,必定要对历史作严谨的记载。他不敢违背事实而给项羽加上焚烧阿房宫的罪名,但项羽本人确实残暴,烧杀掳掠无恶不作,他既坑杀秦降卒 50 万,又有烧秦宫室的事实,加之楚汉势不两立,故对项羽采取模糊的春秋笔法也是可能的。

历史弄人,在中国成者为王败者为寇的史观评价下,项羽就成了焚烧阿房宫的千古罪人,更成为史家镜鉴和文人抒发历史怀想的绝好反面典型。

如今,考古学家已经确定项羽并未焚烧阿房宫,我们应该给项羽平反,还原其本来面目。

在考古人员还原了项羽没有火烧阿房宫的历史真相之后,他们对这

座历史宫殿的调查结果又有了进一步的推断：传说了两千年的宏伟壮丽、如诗幻般的阿房宫并没有建成，它只是一个"烂尾"工程。这一判断震惊了整个考古界。

阿房宫遗址位于今陕西省西安市以西13公里处的渭河以南，与秦都咸阳城隔渭河相望。考古人员在勘探过程中，对目前已经被村庄覆盖的遗址区也没有放过，除水泥地和砖铺地之外，就连花池、羊圈、厕所、房屋间的空地等都进行了密集的勘探，最终只发现了秦时的城墙遗迹。其倒塌的废墟中含有大量的秦汉时的板瓦片和筒瓦片，但没有发现秦代宫殿建筑的遗迹如殿址、明柱、廊道、排水设施等，也没有发现秦代必不可少的建筑材料瓦当。

2003年底，阿房宫考古队在阿房宫的北墙上发现了大量的汉代瓦片。这些汉代瓦片是从哪儿来的呢？为什么会出现在秦代的建筑上呢？难道阿房宫一直沿用到汉代吗？这个猜测让考古队兴奋起来。既然都说没有火烧阿房宫，那让人百思不得其解的是项羽为什么要放过阿房宫？既然他已经烧掉了咸阳宫、兵马俑等这些秦代瑰宝，为什么只对阿房宫高抬贵手呢？

由此，考古专家大胆推断，当年阿房宫工程只完成了前殿建筑基址和部分宫墙的建设，而宫殿建筑基址以上部分并未来得及营建。

根据勘探发掘确定，阿房宫前殿遗址夯土台基东西长1270米，南北宽 426 米，现存最大高度 12 米，夯土台基面积 54 万多平方米，是迄今所知中国乃至世界古代历史上规模最宏大的宫殿夯土台基基址。

根据文献记载，也可以判断出阿房宫并没有建成。首先，根据《史记·秦始皇本纪》记载：秦二世即位时，阿房宫"室堂未就"，因始皇"崩"，便停工，将 70 万劳力全赶去修秦陵。等到这年四月"复作阿房宫"，七月陈胜吴广就起义了。阿房宫从开始修建到最后停工，最多只有 4 年时间，而实际施工时间还要更短，仅就前殿 54 万多平方米的台基来看，像阿房宫这样规模的建筑，以当时的条件在这么短的时间内是不可能完成的。其次，史料也没有明确记载所有阿房宫已经建成。根据记载，从秦始皇晚期至秦二世再到秦王子婴的全部政治活动都是在咸阳宫或望夷宫进行，而均未提及阿房宫，这也与最新的考古发现相一致。

如今，阿房宫是否存在只能以当时的文字记述或实物作为证据。可是至今也没发现任何实物例证。如果宫殿建成，无论怎样焚毁，都应像秦咸阳宫遗址那样，有瓦砾堆积遗存，但阿房宫遗址没有。再者，如果宫殿建成，金银财宝会被洗劫一空，可怎么连一片瓦都看不见呢？

《史记·秦始皇本纪》中还有一段明确的表述："阿房宫未成；成，欲更择令名名之。作房阿房，故天下谓之阿房宫。"大意是说这个宫殿就盖在近旁，暂时就叫做"阿房宫"，这不是名字，本来秦始皇打算造完后起个名字的。但是，它没完成，所以名字也就没有起成，但"阿房宫"

却一直叫到现在。而杜牧那篇《阿房宫赋》，不过是他根据生平所见过的宫殿想象出来的罢了。

其实，对阿房宫前殿没有建成，其规模不过是在图纸上的描述而已，早在南宋就有人质疑，南宋的程大昌在《雍录》中写道："上可座万人，下可建五丈旗者，乃其立模，期使及此。"后两句的意思是：那只是设计出来的模型，希望建成的样子。这表明其实历史上早就有人指出过阿房宫并未建成。可惜的是，这个声音在很长一段时间内没有引起人们的重视。

被人们誉为"天下第一宫"的阿房宫，虽然它未建成，但阿房宫的概念早已深入人心。它是秦始皇一个未尽的梦想，也是历史留给后人的美丽与辉煌。

秦始皇长什么样

秦始皇是我国历史上的第一个皇帝，从古到今人们对他褒贬不一。喜欢他的人称他为千古一帝；不喜欢他的人，说他是暴君。然而不论世人怎样评价他，秦始皇创立大一统封建帝国的历史功绩，是任何人都不可否认的。他的雄才大略和号令天下的气魄，也是任谁都无法抹去的。李白有句形容秦始皇的名句"秦王扫六合，虎视何雄哉！"勾勒出了秦始皇威武神勇、涤荡天下的高大形象。许许多多的诗人，写过不少关于这位始皇帝的诗句，从中可以看到他的威猛高大的形象，凛凛不凡的气势。有的文艺作品把他描绘成英武无比的军事统帅。有一部电影，甚至把秦始皇装扮成了驰骋疆场的战将，纵马扬刀。绘画作品中的秦始皇腰粗体胖，高人一头，而且英姿飒爽，不可一世。总之，人们心目中的秦始皇不仅智勇双全，而且相貌也是英俊不凡。

不过，根据史料记载，这位始皇帝性情暴烈，刚愎自用，"天下之

事无大小皆决于上"。他不是过关斩将的统帅，没有带过一次兵。更让人失望的是秦始皇相貌丑陋，身形猥琐，甚至带点残疾，与人们想象中的样子相去甚远。

司马迁在《史记·秦始皇本纪》中曾对秦始皇的相貌进行了明确记载："（尉）缭曰：'秦王为人，蜂准、长目、挚鸟膺、豺声，少恩而虎狼心。'"

"蜂准"，其实就是马鞍鼻，鼻梁明显凹陷；"长目"是眼球向外突出，也就是"鼓鼓眼"；"挚鸟膺"，是医学上所说的鸡胸，也就是典型的软骨病症状；"豺声"，则表明这位始皇帝有严重的气管炎，久咳不愈而致使嗓音沙哑。秦始皇的这些相貌特征表明，他是典型的软骨病患者，身体发育不正常，因而胸廓、鼻梁的形状出现了扭曲。气管炎或支气管炎的经常发作，有时还会发一阵"羊痫风"。由此可以推断，这位伟人，非但相貌堂堂，甚至不像个正常人，多种疾病缠身，使得他脾气暴躁，性情乖戾，待人"少恩而虎狼心"。

秦始皇果真是这个样子吗？也有人明确表示了怀疑态度。

首先，司马迁的《史记》，尽管是权威史料，然而也只是转达了尉缭的说法，相当于第二手材料。尉缭的话是否可信，也值得推敲。尉缭是战国末年魏大梁（今河南开封）人，名缭，不知其姓，因官居国尉，故称尉缭。秦王政十年（公元前 237 年）进入秦宫，帮助策划统一六国的大计，提出了用金钱收买别国豪臣、打乱其原来部署的重要意见，被嬴政采纳。可是不久，他就同嬴政闹翻，慌忙偷偷逃走，从此不知所终。尉缭不懂得医学，对于人体的观察和判断都不见得准确。而且尉缭与嬴政有过矛盾，从最后一句可以看出，明显具有咒骂、诋毁和贬损的味道，难保不会有歪曲或夸张成分。而且，尉缭的这番话是在何种场合下讲的，这个材料是怎么来的，司马迁都没有写明。所以，尉缭的描绘不可轻信。再者，秦始皇身处风云变幻难测的战国时代，短短一生屡遭刺杀，他的行踪比较诡秘，能见到他的人甚少，他的病更是朝廷的高级机密，尉缭怎么知道得这么详细？

其次，从秦始皇的日常活动看，他的身体应该不错，根本不像有软骨病、气管炎的人。比如，从秦始皇二十七年（公元前220年）至三十七年（公元前210年），10年之内5次出巡，赴陇西、攀峄山、登东岳、上琅邪、临碣石，路途坎坷，行程万里。以当时的交通条件和医疗条件，即使身为皇帝，事事有人侍候，可如果没有一个好的身体，恐怕也难支撑下来。再从"荆轲刺秦王"的史实来看，秦始皇也决非一个软骨病人。假如他形销骨立，或者举止失措，恐怕当时难以挣断衣袖，也不可能与刺客周旋，甚至早已成了刀下之鬼。

再次，从秦始皇的工作状态看，他的身体不会很差。《史记》记载，秦始皇事必躬亲，敢于负责。尤其是统一六国后，百废待兴，很多重大

决策都要他决定。仅阅批奏折一项，工作量就大得惊人。据《史记正义》载：秦始皇当政时期，"言表笺奏请，秤取一石，日夜有程期，不满不休息"。当时奏折全写在竹简上，秦始皇要看完一石奏折才休息。秦时一石为 120 斤，每天要看这么多的奏折，没有一个强壮的身体是完不成的。秦始皇不仅身体很好，而且精力过人，在处理完如山的奏折之后还要亲自了解社会治安情况。三十一年十二月一天夜里，他与 4 名武士化装成老百姓在咸阳巡行，突然冲出几个暴徒要抢劫，秦始皇率武士们反击，杀死了这几个暴徒。可见他不仅身强力壮，武功也应该不错。

通过以上分析来看，秦始皇应是高大威猛，英武潇洒，并且身怀武功，精力过人，临危不惧，能应付各种复杂局面，能承担繁重工作量。著名历史学家翦伯赞曾推论秦始皇的形貌相当漂亮。也有的学者认为，秦始皇的母亲赵氏是出了名的美人，按照遗传学来讲，秦始皇的长相不会很差。而且他的生活条件不错，不会营养不良，所以他应是高大魁梧、相貌堂堂的西北大汉。

当然，有的专家学者不同意这种推断，他们也列举了一些理由：

第一，《史记》中虽然司马迁对秦始皇长相的描写不是第一手材料，但毕竟是史书中明确记载秦始皇形貌的文字，除此之外没有发现不同的记载。司马迁是个善于描写人物形象的高手，《史记》中所写的人物数量众多、类型丰富、个性鲜明，其中描写生动、能够给人留下深刻印象的人物有近百个。如写汉高祖刘邦"隆准而龙颜，美须髯，左股有七十二黑子"；张良"状貌如妇人好女"；李广"为人长，猿臂"等，虽然寥寥几字，却是活灵活现，形象生动，独具特征。如此说来，像秦始皇这种重量级人物，司马迁肯定会认真对待，不可能仅凭道听途说，由此推测司马迁所写的秦始皇形貌是可信的。

第二，秦始皇性情暴戾，脾气暴燥，这正是他多病缠身，心境不好的结果。他幼年时随父母在赵国做人质，为了逃避追杀，寄人篱下，寝室不安，很可能因为营养不良而导致软骨病。他的鼻部和脊椎骨弯曲变形，从而导致呼吸不畅，讲起话来如同"豺声"。

第三，秦始皇五次出巡，并不能证明他的身体有多好，因为他有车坐，有马骑，跋山涉水并不费气力。再从他逃脱荆轲追杀来看，他连自己的佩剑都拔不出来，又何谈武功。如果不是御医把药袋砸向荆轲，恐怕他难逃活命。另从御医随时携带药袋来推测，秦始皇很可能是长期病号，否则不会把这拿上朝堂。至于他每天工作量巨大，也不奇怪，必定有人给他搬运，甚至会读给他听。这些与秦始皇的形貌没有必然联系，因而不必给他加上英武潇洒、高大奇伟之类的溢美之词。

综合来分析，还是要相信《史记》对于秦始皇形貌的描绘，不能枉加想象。司马迁先生说过"以貌取人，失之子羽"，成大事业者未必一定威武英俊。历史上很多名垂青史的人物身材就很矮小，而且长相也不

漂亮。如传说中的大舜，身高矮小，皮肤又黑又粗；春秋时鲁国大将臧纥、汉代将军严延年、三国时魏国名将乐进等，个头不高，长相丑陋，但他们个个武功非凡，常把高大的对手打得落花流水。可见身材、长相与一个人的功绩没有必然联系。

没有照片参考，也无录像资料，仅有司马迁的几句描写，那么，现在看到的秦始皇画像是怎么来的？为何把他画得如此威武英俊？有关专家学者推断，《历代帝王图》中的开国之君，都被画得威武勇猛、仪表堂堂，后人以此推断秦始皇应该也是这个样子，很可能以晋武帝司马炎的画像为蓝本，把秦始皇也画成方脸广额、高鼻美目、方嘴美髯、大耳垂肩的模样。这样，大家更容易接受，试想，如果照司马迁写的秦始皇形象去画，没准儿还真有人要提抗议哩！

秦始皇到底长得什么模样，成为文艺工作者塑造其形象的一个难题。解开这个难题很有必要，至少可以有一个比较准确的版本，让世人不要再戏说这位千古一帝，更不要随心所欲地去瞎说、胡说。

孟姜女哭倒长城之谜

孟姜女哭长城的故事，是我国家喻户晓的民间传说，它曾被改编为戏剧、歌谣、诗文、说唱等多种形式广泛流传。这个故事讲的是：秦朝时期，秦始皇在民间征集八十万劳工修筑万里长城。苏州有个书生叫万喜良，为了躲避官府的追捕，四处躲藏，误闯入孟家花园，不小心看到了正在洗澡的孟姜女。在古代，这是有损女人贞操的，于是二人便结为夫妻。新婚还不到三天，万喜良就被公差抓去修长城了。半年过去了，万喜良一点消息也没有。孟姜女惦记丈夫，就启程到万里长城寻夫。历尽千辛万苦，终于到达了工地，却被告之万喜良已经累死了，尸骨被填进了城墙。听到这个消息，孟姜女放声痛哭，直哭得天昏地暗，日月无光。忽然传来一声巨响，长城崩塌了几十米，露出了数不清的尸骨。孟姜女咬破手指，把血滴在一具具的尸骨上，并在心中暗暗祷告：如果是丈夫的尸骨，血就会渗进骨头。最后，孟姜女终于找到了丈夫的尸骨。

当然，根据常识，孟姜女是不可能哭倒长城的。那么，孟姜女的故事是怎样产生、流传与演变的呢？有人认为，真实的孟姜女的故事发生在齐国。齐为姜太公的封国，《东周列国志》等书中出现的"×姜"，一般是齐国人。所以，他们认为，孟姜女传说的雏形是《左传》记载的孟姜。孟姜是齐将杞梁的妻子，杞梁于公元前549年在莒战死，齐庄公在郊外见到孟姜，对她表示吊慰。孟姜认为郊野不适合吊丧，拒绝接受，于是庄公专程到她家里进行了吊唁。孟姜除了知礼外还有一则善哭的记载，淳于髡说："杞梁之妻善哭其夫而变国俗。"在齐国产生了孟姜哭调。严格说来，这时的孟姜女故事和杞梁妻故事之间，还是有一定的差距的。

随着故事的流传，情节进一步增加和完善。两汉刘向的《说苑》，增加了"夫死后向城而哭，城为之崩"的情节。他的《列女传》中，又添了"投淄水"的情节。这样，杞梁妻的故事到了汉代，开始接近于孟姜女的故事了。到东汉时期，王充的《论衡》、邯郸淳的《曹娥碑》进一步演义，说杞梁妻哭崩的是杞城，并且哭崩了五丈。西晋时期崔豹的《古今注》继续夸大，说孟姜哭倒了整个杞城。到西晋时，杞梁妻的故事已经脱离了史实，被完全演变成文学作品了。

到了唐代，杞梁妻就更加接近孟姜女。诗僧贯休的诗歌《杞梁妻》中，把春秋时期的事情挪到了秦代，把临淄的事搬到了长城内外，把城墙演化成长城。到了明代，政府派人修长城，百姓怨声载道。老百姓为了发泄对封建统治者的不满，将杞梁妻改为"孟姜女"，将杞梁改为"万喜梁"，加了诸如招亲、夫妻恩爱、冬日里送寒衣等情节，创造出全新的"孟姜女哭长城"传说。

此外，还有另外一个孟姜女哭长城的故事的原型，根据的是现在山东北部长城铺村的传说。故事是这样的：在泰山两边有一条齐国通往鲁国的交通要道，在这条大道的咽喉处，南北排列着几个村庄，最北边的村子叫铺子。当时这里正是齐鲁两国的交界点，鲁国为了防御强大的齐国，就在边界一带，向东修建了一道边防寨墙，只在路门处留有寨子，并屯兵把守。不久，这里就形成了一个村庄，取名就叫界甬。之后为了经商的方便，齐国商人便把货物运到两国边界附近的地方安顿下来，并在这建起了商铺客店，很快形成了村落，取名为"铺子"和"店子"。

有一年铺子村迁来一户姜姓人家，生了个女孩，取名叫孟姜。小孟姜聪明伶俐，十分招人喜爱。随年龄的增长，小孟姜不仅长得越来越漂亮，而且，手也越来越灵巧，爹娘一直都把她当成掌上明珠。当孟姜女长到十七八岁的时候，上门求亲的人家络绎不绝，最后爹娘为她选中了一户万姓人家的男青年名叫万杞梁。

小夫妻结婚后，二人恩恩爱爱、相敬如宾。可是他们结婚不久，齐国为了加强防御，就开始在国内大力征调壮丁修筑长城。当时青壮年基本都

被征调，万杞梁也在其中。一开始万杞梁修长城的地方就在铺子村附近的山上，所以孟姜女能随时到山上探望丈夫，送衣送饭。经过几年的艰苦修筑，泰山以西的长城修筑完成，万杞梁又被征调到泰山以东去修筑长城，一去几年，音信皆无。有一年冬天特别寒冷，孟姜女心疼在外的丈夫，便连夜赶制棉衣，沿着长城一路向东，为丈夫千里送寒衣。她一路颠颇，最后终于在莒国打听到丈夫的消息，但是丈夫已经累死，被埋在长城脚下。

孟姜女悲痛欲绝，如万箭穿心，扑在埋葬丈夫的城墙边上，号啕大哭起来。就这样，孟姜女哭了十天十夜，感动了上天，长城崩塌了一大片，万杞梁的尸体也完好地显露了出来，她为丈夫穿上新做的棉衣，重新埋葬了丈夫。

这个传说并非没有任何根据。根据我国历史学家的考证，齐长城两段早在周灵王十五年就已完成。《史记·楚世家》正义引《齐记》载："齐宣王乘山岭之上，筑长城，东至海，两至济州，千里有余。"可见孟姜女哭的是齐长城，而不是秦长城。

中央集权制度的形成

公元前221年，秦王嬴政统一六国，结束了长期的诸侯割据局面，建立了一个以咸阳为首都的幅员辽阔的国家。这个国家的疆域，东起辽东，西至玉门关、陇西，北抵长城，南达越南北部及中部一带，面积超过500万平方公里。秦王嬴政宣布自己为这个国家的第一个皇帝，后世子孙代代相承，递称二世皇帝、三世皇帝，乃至万世皇帝。废除谥号。规定皇帝自称为"朕"，并制定了一套尊君抑臣的朝仪和制度。以此显示皇帝至高无上的权威，表示秦的统治将万世一系，长治久安。皇帝拥有至高无上的权利，凡行政、军事、经济等一切大权，均由皇帝总揽；秦朝首都咸阳及其附近关中平原由内史直接管理；建立从中央到地方的官制和行政机构即三公九卿制，互相没有统属关系，由皇帝掌握最终决断权。

秦始皇以战国时期秦国官制为基础，把官制加以调整和扩充，建成

一套新的政府机构。在这个机构中，中央设丞相、太尉、御史大夫，此称为"三公"。丞相有左右二员，掌管政事；太尉掌军事，不常置；御史大夫是丞相的副贰，掌管图籍秘书，监察百官。丞相、太尉、御史大夫以下，是分掌具体政务的诸卿，称为"九卿"，其中有掌宫警卫事务的郎中令，掌管皇宫保卫的卫尉，掌管司法诉讼的廷尉，掌管财政税收的治粟内史，掌管山河湖海税收和制造业的少府，掌治宫室的将作少府，掌管外交事宜的典客，掌宗庙礼仪的奉常，掌管皇室内部事务的宗正，掌管宫廷车马的太仆等。丞相、太尉、御史大夫与诸卿商谈政务，皇帝作裁决。

始皇二十六年（前 221 年），秦始皇接受廷尉李斯的建议，把全国分成三十六郡，以后陆续增至四十余郡。这些郡完全由中央和皇帝控制，是中央政府管辖下的地方行政单位皇帝任免郡县的主要官吏。。中央集权的制度从此确立。

郡，是中央政府管辖下的地方行政单位，其组织机构与中央政府略同，设郡守、郡尉、郡监（监御史）。郡守，为全郡最高行政长官，掌管全郡政务，直接受中央政府监督；郡尉，辅佐郡守，掌管全郡军事；郡监，掌管监察工作。

郡以下设县或道。县是秦朝统治机构中关键的一级组织，是相对独立的一个单位。内地设县，少数民族地区设道。满万户以上的县设县令，不满万户的设县长，他们均为一县之首，掌全县政务，受郡守节制。县令下设尉、丞。尉，掌管全县军事和治安；丞，是县令或县长的助手，掌管全县司法。郡、县主要官吏由中央任免。

县以下设乡、里和亭。乡和里是行政机构，亭为治安组织。乡设三老、啬夫和游徼。三老掌管教化，啬夫掌管诉讼和税收，游徼掌管治安。乡以下为里，是秦国当时最基层的行政单位。里设里正或里典，其职能与乡政权职能大体相同，除此之外，里还有组织生产的任务。此外，还有司治安、禁盗贼的专门机构，称为亭。秦规定，两亭之间相隔十里，设亭长。亭遍布于城乡各要地。

秦朝创下的一套中央集权制度一直延用在以后中国社会的历史中，只有修修补补，基本框架一直未变。

秦始皇将货币统一改以黄金为上币，以镒（二十两）为单位；以秦国旧行的圆形方孔铜钱为下币，文曰半两，重如其文。

秦国统一中国后，采取了一系列巩固统治的措施，其中包括著名的"书同文"，即将战国时期各国使用的不同的书写体统一为后世所称的小篆，相传该字体为秦国丞相李斯发明。

战国时期，各国文字的基本结构虽然相同，但字体繁简和偏旁位置差异很大。李斯受命统一文字，他以秦国的文字为基础，参照六国文字，制定小篆，并写成范本，在全国推行。当时还流行一种书法，叫做隶书，

比小篆更简便。书同文，将小篆作为标准文字；"焚诗书"，加强思想控制；以吏为师，严禁私学。

秦始皇用商鞅制定的度量衡标准器，来统一全国的度量衡。现代出土的秦朝权量，都可以看见刻有秦始皇二十六年（前211年）颁布的统一度量衡的诏书。这种权量出土了很多，分布也广，可见统一度量衡是认真有效的。秦始皇还用法律规定了度量衡器误差的允许限度。他规定六尺为步，二百四十步为亩。文字、货币、度量衡的统一和修驰道，为经济、文化的发展提供了便利条件，促进了国家的发展，对于后世影响极大。

秦始皇不但建立了一套专制主义中央集权的统治机构和制度，而且还采用了战国时期阴阳家的终始五德说，以维护秦朝的法统。终始五德说认为，各个相袭的朝代以土、木、金、火、水等五德的顺序进行统治，周而复始。秦得水德，水德喜黑，所以秦的礼服旌旗等都用黑色；与水德相应的数是六，所以符传长度、法冠高度均为六寸，车轨宽六尺；水德主刑杀，所以政治统治力求严酷，不讲究"仁恩"和"义"；与水德相应，历法以亥月即十月为岁首，等等。

秦始皇还确定了一套与皇帝地位相适应的复杂的祭典以及封禅大典。秦始皇仿照关东各国宫殿的式样在咸阳附近建造了许多宫殿。咸阳宫殿布局取法于天上的紫微宫，俨然是人间上帝的居处，天下一统的象征。

秦始皇还在骊山预建陵寝。他采取这些措施，和他采用皇帝的名号一样，是要展示他的权力，从而向臣民灌输皇权神秘的观念。皇权神秘观念，是专制主义中央集权制度的思想基础。

皇权的加强和神化，郡县制的全面推行，体现专制皇权的官僚机构和各种制度的建立，法律的完备和统一，皇帝对军队控制的加强等，这些都是专制主义中央集权制度的主要内容。在当时的条件下，专制主义中央集权制度，是维护统一所不可少的条件。但是这种政治制度对百姓的束缚极大，而且它对经济文化发展的促进作用很容易转变为阻滞作用，这在封建社会后期尤为显著。

商鞅变法以后，秦国实施按亩纳税，秦国的经济体制全面转入"耕战"。以农业生产支持对外战争，以军功授爵赐予土地，同时由国家法令指导农业生产，但这种制度似乎并未取得显著效果。

秦始皇正式宣布在全国范围内土地私有制。地主阶级倚仗这个命令，不仅得以占有土地，而且可以用各种手段兼并农民的土地。土地被兼并的农民，不得不以"见税什五"的苛刻条件耕种田地。

秦王政统治时期，户籍制度趋于完备。秦王政十六年（前231年）令男子申报年龄，叫做"书年"。据推定，秦制下男子十五（另一推算是十七）载明户籍，以给公家徭役，叫做"傅籍"。书年、傅籍，是国家征发力役的依据。始皇三十一年开始令百姓自己申报土地。土地与户籍关

联，使国家征发租税有了主要依据。户籍中有年纪、土地等项内容，户籍制度也成为国家统治人民的一项根本制度。国家按军功赏以爵位，又依照爵级赐给田宅，高爵者还可以得到食邑和其他特权。爵级载在户籍，所以户籍也是人们身份的凭证。

在法律方面，秦始皇采用战国时期法家韩非的建议，以法治国，秦帝国制定的法律十分细密、苛刻。秦法对于秦王朝雷厉风行的推行各种巩固中央集权的措施发挥过重要作用，但同时也成为人民的灾难。

秦朝沿袭了商周时代的很多酷刑。当时的中原地区古人多儒雅仁义，社会是宗族形式结构，不具备法治统治的基础。这就造成了触范法律的人大增，面对条条酷刑，百姓怨声载道，这也是加剧秦朝灭亡的另一个不可忽视的重要原因。

统治一个大国，需要全国一致而又比较完备的法律制度。出土的云梦秦简提供了自秦孝公至秦始皇时期陆续修成的秦律的部分内容，其中有刑律的律文和解释，有名目繁多的其他律文，还有案例和关于治狱的法律文书（见云梦秦律）。

维持一个大国的统一，还需要强大的军队。秦军以灭六国的余威，驻守全国，南北边塞是屯兵的重点地区。秦制以铜虎符当代号发兵，虎符一分为二，右半由皇帝掌握，左半在领兵者之手，左右合符，才能调动军队，这是保证兵权在皇帝手中的重要制度。秦军是一支前所未有的震慑力量。近年发掘的秦始皇陵侧的兵马俑坑，粗略统计其中两坑有武士俑七千件，战车百乘，战骑百匹。武士俑同真人一样高大，所持武器都是实物。这种车、步、骑兵混合编组的大型军阵，其规模之大、军容之盛可见一斑。

在那些英武的兵马俑身上，我们仿佛能真切感受到两千多年前秦国军队的磅礴气势。在冷兵器时代，战争的两大要素是军队和兵器。从出土的部分兵器来看，秦统一六国中，武器的胜出是攻城掠地必不可少的因素之一。

秦兵马俑坑出土的武器绝大多数是青铜兵器，约有四万多件，但铁兵器的数量极少，仅占俑坑出土兵器总数的万分之一。这说明战国中晚期后，虽然铁器已在农业生产中广泛使用，但由于当时的冶铁技术有限，铁质还不宜大规模制作兵器。而秦人大量使用改良合金配比的青铜兵器，把中国青铜冶炼工艺推向了一个新的里程碑。

秦国军队当时号称步兵百万，战车千乘，骑万匹，所需兵器数量极为庞大，因而武器制造的保障机制就显得尤为重要。秦人的做法就是让武器生产制度化，模具标准化和工艺流程规范化，并用法律加以约束。《秦律十八种·上律》明确记载："为器同物者，其大小、短长、广亦必等。"在秦俑坑中出土的所有同类器物基本是完全相同的。与法律相配套的是推行"物勒工名，以考其诚"的奖罚办法，即要求兵器上都要刻上

制作年代、机构、督造者以及具体制作者的名字，这样工匠的聪明才智得到充分的施展和肯定。

俑坑中出土的兵器均未生锈，是因为青铜兵器表面有一层铬盐氧化层，这种现象在兵器中普遍存在，说明当时已经具备了有效的防锈技术。正是在这种严格的制度管理下，秦王朝把当时最为纯熟的青铜制造技术运用到兵器生产上，才使有了强大的武器保障，并创造出兵器史上的各种奇迹。

后　记

　　秦始皇在中国两千多年的历史中，一直是谜一样的人物，他生是谜，死是谜，存也有谜。他是秦之王孙，却生于赵之邯郸；是秦庄襄王之子，却有"吕不韦是其父"之传说；他从即位那刻起便开始修建陵墓，集近四十年之力终建成令人震惊之陵墓，但其地宫位置却扑朔迷离；有人说他容貌俊伟，也有人说他"蜂准，长目，挚鸟膺，豺声"，还极有可能患软骨病；他一生勤恳督政，克尽己功，却又刚愎自用；他爱才惜能，却又曾焚书坑儒；说他苛刻残暴，在他攻城略地的一生中却从未屠杀一城百姓，屠灭一位开国元勋……他所开创的大秦帝国，所确立的制度开古之先河，立后世之基。他的一生经历了诸侯割据，战乱纷纷之时，遭受过母专权、后宫靡的纷乱，开过疆辟过土；历经开国之血染，守国之艰难；曾落魄逃亡过，也曾位登顶峰，享尽荣华富贵。在漫长的历史长河中，他所创立的功勋无人能及，他的刚愎自用与暴戾之名又毫不逊于他

的功勋，更留给后世像谜一样的人生。

以人性解史，以趣味说史。本书以现代视野讲述大秦从诸侯立国到建立大一统王朝发生的一系列疑案，立体地梳理了大秦的多重形象，并试图通过对历史事件的分析，解开其背后隐藏的玄机。此外，本书深度挖掘历史人物的真实情感，帮助读者培养开阔的文化视野，从而更好地应对人生挑战。

秦始皇作为中国历史上第一位多民族国家的中央集权制帝国的开创者，他如英雄般在中国历史上留下了许多悲欢离合、荣辱成败的事迹，他的一生有悲有喜。悲的是他似乎历来被封建道德家们所批判，他的名字永远被贴上惨无人道的标签，成为酷政暴君的典型代表；喜的是他创立的大秦帝国成就了中国封建史上的第一页，以统一度量衡而构建了华夏的经济秩序，更以一统的文字而奠定了今日中华文明的脊梁，整合了每一个中国人的精神灵魂。

本书以正史为依据，去粗存精，用轻松的语言进行阐释，深度挖掘每一个历史事件背后的真相以及历史人物内心的真实情感，使读者在与历史交谈的同时，产生共鸣并有所受益。